KB162034

브레히트, 서사극, 낯설게 하기 수법

브레히트, 서사극, 낯설게 하기 수법

인쇄 · 2020년 4월 7일
발행 · 2020년 4월 15일

지은이 · 이 상 일
펴낸이 · 한 봉 숙
펴낸곳 · 푸른사상사

주간 · 맹문재 | 편집 · 지순이 | 교정 · 김수란
등록 · 1999년 7월 8일 제2-2876호
주소 · 경기도 파주시 회동길 337-16 푸른사상사
대표전화 · 031) 955-9111(2) | 팩시밀리 · 031) 955-9114
이메일 · prun21c@hanmail.net
홈페이지 · http://www.prun21c.com

ISBN 979-11-308-1656-2   93680
값 18,000원

푸른사상 예술총서 22

이상일

브레히트, 서사극,
낯설게 하기 수법

푸른사상
PRUNSASANG

내가 『브레히트와 서사극』이라는 브레히트 입문서를 건국대학교 출판부에서 펴낸 지도 벌써 20년이 넘었다. 급하게 기획해서 집필하여 내놓은 책이라 언제고 본격적인 책으로 다시 출간해야겠다고 마음먹은 가운데 시간만 흘러갔다. 근년에 이르러 『브레히트와 서사극』을 다시 살펴보니 잘못된 부분들도 눈에 띄었다. 그동안 써왔던 브레히트 논평들도 정리해야 할 필요가 있었다. 결국 오래 묵혀두었던 숙제를 해결하는 기분으로 이 책, 『브레히트, 서사극, 낯설게 하기 수법』의 집필을 시작하게 되었다.

그사이 국내의 브레히트 학자들도 많이 배출되고 한국브레히트학회에서 발간하는 『브레히트와 현대연극』 연보도 꾸준히 쌓여서 그만큼 브레히트 연구 업적도 세계적으로 겨룰 만한 수준이 되었다고 본다. 그러나 전문적인 연구논문이나, 학술서적, 그리고 번역서는 있는데 쉽게 읽을 수 있는 브레히트 입문서는 별로 많아 보이지 않는다. 필자가 1989년 한국브레히트학회 창립 초대 회장이고 연극평론가 출신이어서 특히 그의 연극세계에 대한 인도서 같은 것을 더 갈구하는지도 모르겠다.

『파우스트』의 괴테와 시인 릴케를 잘 아는 우리나라 독자들에게도 현대 독일의 드라마와 세계 연극의 거장 브레히트의 이름은 아직 낯설 수 있다. 그의 작품과 연극세계가 우리나라에서 해금되어 자유롭게 연구되고 공연된 지 겨우 30년밖에 되지 않는다. 그러나 그가 발전시킨 '서사극'이라는 이름과 양식, 서사극을 서사극답게 만드는 '낯설게 하기'의 테크닉, 이른바 이화 · 소격 효과(Verfremdungseffekt)는 연극의 일반화된 용어로 널리 통용되고 있다. 낯설게 해서 두드러지게 만드는 무대 위의 기법과 효과가 동양 연극에서는 보편적인 테크닉이기 때문일 것이다.

1920년대 '앙팡 테리블(무서운 아이들)' 세대로 기존 문화예술에 도전하고 도발을 서슴지 않던 브레히트는 1930, 40년대 나치스 정권에 쫓기는 유랑의 신세였고 그의 서사극적 작품들은 거의 상연조차 되지 못했다. 그러나 제2차 세계대전이 끝나고 미국 망명지에서 구동독의 동베를린으로 돌아와 활발한 작품 활동을 벌인 브레히트는 전쟁의 폐허에서 겨우 부조리극 등으로 버티던 아리스토텔레스 미학에서 벗어나는 비(非)아리스토텔레스 미학의 전환점이었다.

그러나 동구권에 속하던 공산주의 작가로 낙인 찍힌 브레히트는 우리나라에서는 터부시되었다. 다행히 서울 올림픽이 열린 1988년, 그의 사후 30년 만에 작품 반입과 연극 상연, 그리고 공개적인 연구 발표 등이 해금되었다.

아리스토텔레스가 말하는 감정이입과 카타르시스의 종래 연극에 대해서 깨어 있는 의식, 비판적 자세를 강조하는 서사극은 연극에 몰입해 들어가는 관객의 감정과 의식을 중단시키고 그 흐름을 가로막는다. 그런 까닭에 드라마 작품의 호흡만 끊어지면 그것이 '서사극적'이라고 착각하는 아마추어 연출가들에 의해서 서사극이 재미없는 연극 같은 곤욕도 많이 치렀다. 그래서 더 즐겁고 재미있는 연극이 되기 위해 낯설게 하기 위한 무대 위의 두드러지기 수법이 필수적이다.

이 책을 통해 브레히트 희곡 텍스트, 작가 연구, 서사극 이론에 대한 관심이 깊어지고 작품론도 활발히 이루어질 수 있게 된다면 그 이상 더 바랄 것이 없다.

2020년 4월
이상일

차례

베르톨트 브레히트(Bertolt Brecht)
(©German Federal Archives at Wikipedia.org)

서론

서사극의 재발견

서사극의 재발견[1]

독일 극문학과 연극예술에 대한 브레히트의 비중과 세계 연극에 대한 그의 기여를 생각할 때 한국 연극과 극문학에 대한 브레히트의 위상은 무엇인가. 그는 우리에게 있어서 바다 건너 한 낯선 작가일 뿐인가, 아니면 우리의 현대 드라마까지를 아우르는 창조적 발상의 시그널인가.

우리, 동양의 한 작은 땅 한국에서 삶을 영위하는 우리에게 브레히트는 누구란 말인가.

우리는 브레히트를 모방할 수 있다. 우리는 그를 연구할 수 있다. 그의 시를 외우고 그의 작품들을 공연할 수 있다. 그의 서사극 이론을 어려운 용어를 나열하며 강의할 수도 있고, 극장 무대에서의 '낯설게 하기'의 테크닉을 소외 효과, 이화 효과(異化效果), 또는 '두드러지게 하

---

1   이 글은 필자의 정년퇴임을 기념하는 논총집, 『서사극의 재발견』(집문당, 1998)의 서문을 수정한 것이다.

기'의 효과로 바꾸어 부를 수도 있다. 브레히트의 작품은 번안의 이름으로 우리 곁으로 다가오고 표절에 이르는 모방으로 창작될 수도 있다. 이때 당연히 브레히트의 아류(brechtieren)가 된다. 독일 내의 브레히트 차세대들처럼 그를 추종하는 가운데 그의 풍자, 재기, 냉소의 표현법을 배워 브레히트식으로 보고 생각하고 꼬집고 도발하고 구상하는 쓰는 방법마저 흉내 내어진다.

한국에서의 '브레히티렌 현상'은 시기상조이다. 브레히트에 대한 한국 독문학자들의 연구 업적은 몰라도 한국 연극의 브레히트 수용은 작품 상연에 급급해 있을 뿐이다.

브레히트는 마르크스주의자라는 의미에서 사회과학도라 함이 옳다. 적어도 사회과학적 마르크스주의자라는 측면에서 그는 이성적이며 합리적이고 변증법적이다.

그러나 브레히트의 세계만을 부각시키는 한국의 연극은 브레히트의 축제적 신화세계와 민중적 활기, 그리고 잠재의식의 불합리성과 그 창조적 카오스를 비껴 지나간다. 브레히트의 빛과 질서에 눈부시고 짓눌려서 그의 이면인 그늘과 어둠의 세계를 보지 못하는 것이다.

1920년대에서 1930년대에 걸쳐 여러 가지 민속적 현상들, 곧 관습·신앙·의상·설화·민속극 등에 기호학적 어프로치를 거듭했던 프라하 언어학파의 보가튀레프(Bogatyrev)는 브레히트와 동시대인이었다. 연극의 기호학으로 기능구조주의적 방법을 언어 이외의 영역에 적용시켰던 보가튀레프는 민중연희, 민중문화에 대한 일종의 폴크로어 아방가르드였고 그가 동구(체코슬로바키아 등)의 민속극에서 새로 발견

브레히트, 서사극, 낯설게 하기 수법

해낸 기호, 기능, 구조의 키워드는 어쩌면 당시의 새로운 연극문화운동가들의 취향과 일맥상통하는 것이었을 것이다.

알다시피 1970년대 세계연극 조류는 희곡문학의 해체와 함께 육체언어라는 연극적 짓거리에서 제3세계의 연희적 전통을 접수하였고 그에 따라 서양 연극의 막다른 길목에서 새로운 탈출구를 찾고자 하였다. 셰크너(R. Schechner)라든지 터너(V. Turner) 등의 퍼포먼스 이론도 그런 대세를 짚으며 민중극과 제3세계의 전통극적 연계를 시도한 것이다.

민중극의 기호학에서 중시되는 '즉흥성'은 어쩌면 브레히트 서사극의 중심적 테마일지 모른다. 연극에 있어서의 즉흥성은 민중극의 핵심이다. 폴크로어 아방가르드들이 새롭게 조명한 이 연극에 있어서의 즉흥성은 코메디아 델라르테 이후 단절되었던 서구 연극양식의 부활이며 제3세계 연극이 면면히 지속시켜온 연희양식의 기본이다. 그것은 양식화되지 않았기 때문에 세련되어 있지 않고 거칠며 임의적이며 비예술적이다. 그러나 보가튀레프의 연극기호학에서 보면 그런 기호야말로 민중극의 본질적 특징이고 따라서 그 카오스적 세계가 신화적이며 축제적이고 바로 거기에 민중문화의 생명력과 활기가 나타나 있다는 것이다. 브레히트의 이성적 합리주의 그늘에 도사린 어떤 데모니쉬한 힘도 폴크로어 아방가르드들이 추구했던 비합리적 민중문화의 잠재된 활력과 무관하지 않다.

대체로 브레히트의 연극은 계산된 의식적 극작술로 인하여 합리적 리얼리즘을 표방하는 것으로 인식되고 있다. 그것은 그의 사회과학도의 자세의 반영이며 그에 따라 우리는, 한국 연극은 브레히트를 수용함에 있어서 합리주의적, 이데올로기적, 서사극적 도식에 너무 치중하게 되는 것이다.

한국의 연극은 브레히트의 연극예술 세계를 너무 늦게 수용하였고 그 표면만을 서사극의 이름으로, 각성과 변증법의 연극이라는 사회과학으로 받아들임으로써 현대 산업사회의 저류에 있는 민중성과 인류의 원초적, 근원적 세계로의 회귀를 차단시켜버린 것이나 아닐는지.

이데올로기나 사회과학의 예술은 얼마나 빈혈증을 앓고 있겠는가. 그리고 그런 빈혈증적 서사극 이론이나 낯설게 하기의 테크닉을 지니는 변증법적 연극의 형식적 수용, 또한 얼마나 겹빈혈 증세를 일으키겠는가.

희곡문학의 해체와 육체언어의 중시를 동반한 1970, 80년대 제3세계 연극운동은 정체성의 회복에 발맞춘 일종의 마당극 운동이다. 마당극 자체가 제3세계 연극의 일환이었고 전통에 기반을 두고 있으며, 민속극의 기호와 제의·신앙·설화와 가무백희를 수반한 민중연희의 현대적 부활이었다. 거기에 사회과학적 합리주의와 이데올로기의 의도적 도구로서 연극예술은 위장되어 있었던 것이다. 따라서 마당극은 민중문화운동의 정치·사회적 수단이 되었으며 정치의식과 사회의식을 가르치는 각성의 방법으로서 바로 민중적 활력을 대중 동원의 열기와 선동으로 전환시킬 수 있었던 것이다.

반민주적 정치탄압의 시대에 민중적 풍자와 살아남는 자의 기지와 재치를 원용한 비판과 각성의 서사극적 수법은 브레히트의 사회과학적 변증법으로 명증한 사고의 예술이었으며 동시에 민중적 거칢의 형식으로 힘찬 대항의 방식이 되었던 것이다.

그런 의미에서 한국 연극에 있어서, 브레히트는 민중적 거칢과 욕지거리와 기지와 풍자와 비판으로 되살아난다. 브레히트가 죽은 지 50년 넘어 본고장에서 이미 그는 고전이 되었고 발 빠른 유행에서는 서사극 이론조차 진부해져갈 때, 이 땅에서 브레히트는 겨우 해금된 지 10년이 되어 그의 일면성만이 부각되고 있는 것이 사실이다. 따라서 그가 부각시키고 싶어 했던 문화기층의 대중적 프롤레타리아트도 근원적인 민중성에서 '연극적으로' 두드러지면서 재미없는 서사극의 각성과 비판의 빈혈 증세만 그 지수를 높이고 있는 것이 사실이다.

민중적 활력과 신화와 축제의 기호를 잃어버린 베르톨트 브레히트의 이성과 합리성의 냉엄과 객관의 과학정신은 그 빛과 질서만의 전달 때문에 비정과 건조의 합리주의 사막에 내던져질 수 있다. 한국의 연극이 바로 그렇게 브레히트를 수용하고 있고 일면적인 학자나 연출가들에 의해 메마른 서사극의 유입만 허용되고 있는 것이라면 서사극 연구 자체가 잘못된 것이다.

아직까지 브레히트가 한국 연극에 준 가시적 영향은 크지 않다. 그러나 서사극의 수법과 그 변형은 희곡작가들에게서 시도되었고 연출가들은 연극의 서사화라는 식으로 재미없는 연극, 서사극 형식의 껍데기만을 답습한다.

연극의 기호학으로 주목받았던 민중극의 전통과 즉흥성의 활용도 신극(서구식 근현대 연극) 쪽보다 구극의 흐름을 계승하는 마당극 쪽에서 더 활발하다. 서사극의 양식적 수용은, 한국 연극, 동양 연극의 원류에서 상통하는 부분이 많기 때문에 무속(巫俗)의 굿거리, 가무백희의 전통, 판소리 등과 함께 비교 검토의 가능성이 얼마든지 있다.

그의 작품에서 놓치기 쉬운 집단무의식과 잠재의식 속에 도사린 카오스의 정신, 기층문화권의 소리 없는 함성과 힘, 신화적 이미지와 축제의 소용돌이가 어떻게 이성적으로 포장되고 과학(예술)적으로 계산되어 있는가를 꿰뚫어보는 혜안이 있을 때 비로소 그의 연극세계가 우리의 연극으로 다가올 것임을 강조하고 싶다.

브레히트, 서사극, 낯설게 하기 수법

제1장

브레히트의 생애

브레히트의 생애

1. 젊은 브레히트

베르톨트 브레히트가 태어난 곳은 남부 슈바벤 지방의 아우크스부르크, 페를라흐 산기슭의 작은 골목, 아우프 뎀 라인 7번지 가옥의 3층이었다. 1898년 2월 10일 목요일 새벽 4시 30분. 젊은 브레히트 부부의 첫아들이었던 그는 오이겐 베르톨트 프리드리히라 불렸다. 오이겐이라는 이름이 집에서 불려지는 이름이었다. 3월 20일 그는 바르퓌서 교회에서 신교 방식으로 세례를 받는다.

아우크스부르크는 독일의 도시들 가운데서도 가장 오래된 도시 중의 하나이다. 로마 시대 티베리우스 황제 시절로 소급되는 이 도시의 형성은 로마의 역사학자 타키투스에 의해 이미 아우구스타(Augusta Vindelicorum)로 명명된 영광된 도시였다.

19세기에서 20세기로 넘어올 무렵에 아우크스부르크는 인구 9만이 채 못 되는 도시였다. 그러나 1900년을 전후해서 공업화를 통해 이 도시의 경제적 구조가 바뀌기 시작하였다. 이른바 엠아엔(M.A.N.)이라는 아우크스부르크-뉘른베르크 기계공장 설비로 이미 1898년에 전차가 개설되고 1902년에는 오늘날의 레허화학회사가 설립되기도 하였다. 제1차 세계대전 중에는 아우크스부르크가 군수공업의 중심지였다.

일찍이 『프롤레타리아』 신문이 간행되기도 했던 이 공업 도시에는 1875년 사회민주당 기관지 『민중의 의지』가 발간되었으며, 노동운동의 여파로 탄압·폐간을 거듭하여 『민중신문』『아우크스부르크 민중신문』(1900.4.6)이 이어져 나왔고, 1908년 아우크스부르크에는 독일 사회민주당(SPD) 당원이 1,122명이나 되었다. 그러나 급격한 공업화와 그에 따른 노동운동의 의미가 증대되는 가운데 아직은 관료조직과 군대의 영향 아래 이 도시 대부분의 주민들은 여전히 '소시민적이며 농촌적인 전통 속에서' 살아가고 있었다. 제1차 세계대전 전의 아우크스부르크에서 시민의 아들 오이겐 베르톨트 프리드리히 브레히트는 어린 시절을 보냈다.

아버지는 슈바르츠발트 출신으로 이곳 제지공장에서 근무하다가 지배인으로 승진하였다. 어머니 소피의 집안도 슈바벤 출신으로 그런 지역성으로 말하면 브레히트는 실러, 횔덜린, 헤겔, 그리고 헤르만 헤세와 동향이다.

가톨릭이었던 부계보다 모계의 신앙에 따라 신교의 세례를 받은 오이겐은 그만큼 어머니의 영향을 많이 받으며 자랐을 것이다.

중류 이상의 생활환경 가운데 소년 시절을 보낸 브레히트는 1917년

브레히트, 서사극, 낯설게 하기 수법

고등학교 졸업시험을 통과하였고, 16세 때인 1914년 8월 17일부터 이미 향토지 『신아우크스부르크 신문』에 그의 글이 게재되기 시작하였다. 때는 바야흐로 제1차 세계대전의 총성이 귀청을 울린 직후였으므로 베르톨트 오이겐이라는 이름으로 실린 초기 작품에는 애국적 색채가 강한 것들이 많았으나 1916년 이래 그 경향이 뚜렷하게 바뀐다.

소년기에서 청년기로 넘어가는 이 시절에는 그는 이데올로기적인 애국 지상주의에 비판적이었으며, '조국'에 관한 작문 과제에 패배주의적 내용을 지나치게 드러냄으로써 퇴학 처분을 당할 뻔했던 에피소드가 그런 사실을 방증한다. 동창이었던 프란츠 포이히트마이어의 증언에 의하면, 그는 「왜 우리는 조국을 사랑하는가?」라는 작문에서 조국이 모국어의 땅이기 때문에 사랑하지만 동시에 다른 국가들도 위대한 영웅들을 키워내었으며 다른 나라에서도 사람들이 잘 살 수 있고 이탈리아에서는 확실히 햇살이 독일에서보다 더 찬란히 빛난다는 사실들을 인정하지 않으면 안 된다는 식으로 냉철한 성찰력을 보여주었다.

1917년 10월 그는 뮌헨대학에 입학했으며 철학부에서 문학을, 그리고 의학부에서 의학을 공부한다. 이곳에서 그는 연극학의 대가인 쿠처 교수의 세미나에 참가하고 반시민적 극작가 베데킨트도 알게 되었지만 그의 갑작스런 죽음(1918.3)으로 개인적인 교류는 맺지 못하였다.

연극에 대한 그의 관심은 이미 1914년에 예술평론가와 연극평론가를 꿈꾸었을 정도로 그의 나이 열일곱, 여덟에 열렬한 연극광이었다는 사실이 입증된다. 당시도 고등학생의 극장 출입은 그렇게 쉬운 일이 아니어서 학교에 제출해야 하는 부모의 서면 허락이 필요했으며, 입장

료 부담 또한 만만치 않았음에도 가장 위층의 뒷좌석 값이 20~30페니히였던 1916년 12월 당시 마흔 번이나 극장 구경을 다녔던 포이히트마이어는 브레히트가 자기보다는 그 점에 있어서 훨씬 더했다고 증언했다. 오페라 극장의 위층 뒷좌석에는 비상등이 켜져 있어서 이 두 고등학생들은 들고 간 악보나 작품들을 따라 읽어 내려갈 수 있었다.

제1차 세계대전이 끝나던 해 루덴도르프 공격을 위한 긴급 동원으로 의대생인 브레히트도 아우크스부르크 전시병원에 위생병 보조원으로 징집되었다. 그러나 패전과 그에 따른 혼란 속에서 브레히트는 잠시 혁명을 경험한다. 1918년 11월 7일에 바이에른 지방에 혁명이 일어나 노동자들과 군인 의회가 정권을 장악했다. 그 소용돌이는 몇 달 동안 계속되었다. 그는 인민공화국 야전병원 위원회(Räterepublik Lazarettrat) 위원이 되어 한때 급진적인 독립사회민주당의 당원으로 활동하기도 했다.

아우크스부르크 혁명은 혁명답지 않게 며칠만에 꺼져버리고 위원회도 해체되었다. 이 며칠간의 혁명 소요는 〈밤의 북소리〉에 반영되었다. 이 무렵 브레히트의 정치적 행보는 아직 미숙한 단계에 지나지 않았을 것이다. 그러나 적어도 그보다는 위생병으로서 직접 체험한 전쟁의 비참함, 제물이 된 부상병들의 고통 등 전쟁에 대한 깊은 혐오감이 그의 머리에 각인되었으며 그것이 문학적 형상으로 살아남았다. 당시 〈죽은 병사의 전설〉에서는 전사한 졸병이 무덤에서 파헤쳐져 '전투 가능'이라는 낙인이 찍힌 채 행진해 가는 소름 끼치는 풍자가 시의 형식으로 형상화된다. 그런가 하면 허무적인 「병정들의 무덤」도 감수성이

브레히트, 서사극, 낯설게 하기 수법

예민한 젊은 브레히트의 작품으로 전한다.

땅속 죽은 병사 옆에
내 친구도 누워 있네.
내 친구를 찾아내지 못했네.
죽으면 모두 똑같은걸.

싸우기도 했고 노래 부르기도 했지,
다 함께 원을 그리며
함께 칼을 빼어 맹세도 했지.
모두 얽히고 설켜서
이제 땅속에 함께 누웠네.

밤이면 무덤 위로 바람이 불어 가네.
바람소리 휘파람 소리
그 소리에 억장이 무너지네. 무슨 까닭인가
죽으면 모두 똑같은걸.
　　 —「병정들의 무덤」, 『아우크스부르크 슈타트 안차이거』(1916.2.19)

전쟁이 끝나고 혁명도 끝나 브레히트는 다시 대학으로 복귀하였다,
의학보다 문학으로 그의 취향이 바뀐다. 그는 아우크스부르크에서 뮌
헨으로 기차 통학을 한다. 아우크스부르크 시절을 마감하는 이 시기를
그는 양친이 사는 브라이히 거리 2번지의 다락방에서 보낸다. 이 하숙
방 같은 방 분위기는 〈바알〉에 나오는 방 장면과 유사하다. 그 〈바알〉

이 집필된 것은 1918년이며 두 번째 작품 〈밤의 북소리〉도 이 시기에 이미 집필되기 시작하였다. 브레히트가 그 작품을 보여준 열네 살 연상의 작가 리온 포이히트방어(Lion Feuchtwanger)와 알게 된 것도 이 무렵이다. 나중에 무대미술가로서 그의 작업을 도왔던 카스파 네어(Caspar Neher)는 고등학교와 대학 시절의 친구였다.

1919년 10월부터 브레히트는 민사당의 기관지 『민중의 의지』에 아우크스부르크 시립극단의 연극평을 싣기 시작하였다. 지방 도시의 전형적인 부르주아 연극에 대한 통렬한 비판은 이미 후년의 브레히트 연극 세계를 예측케 하는 것이다.

브레히트의 첫 연극평은 아우크스부르크 시립극단의 입센 작 〈유령〉 상연에 관한, 10월 21일자 언급으로 간주되고 있다. 그러나 그에 앞서 9월 27일에 공연된 막스 할베의 〈청춘〉과 10월 13일의 뵈른손의 〈우리의 힘을 넘어서〉에 대한 평이 브레히트에 의해 쓰여진 것이라는 논의도 있다.

1919년 10월이면 브레히트로서는 네 번째 학기가 시작된 무렵이었다. 그는 프란츠 문커 교수의 네 시간짜리 강의 '클롭슈토크 등장에서 레싱의 죽음에 걸친 18세기 독일문학사'와 오토 프랑크 교수의 다섯 시간짜리의 강의 '실험생리학'에 참석한다.

아우크스부르크에서 뮌헨으로 오가던 그해 그가 얻은 사생아 프랑크가 요절했으며 1920년 5월 어머니 소피가 죽음으로써 그와 집을 이어주던 유대를 잃고 브레히트는 완전히 뮌헨으로 자리를 옮긴다. 1921년 초 연재하던 『아우크스부르크 신문』 연극평이 중단됨으로써

브레히트, 서사극, 낯설게 하기 수법

브레히트와 고향 아우크스부르크시와의 연대는 마감된다.

뮌헨에서 그는 연출가 에리히 엥겔, 시인 요한네스 R. 베허 등과 사귀며 의학 공부를 멀리하게 된다. 1921년 여름 학기에는 강의 신청이 없었고 그해 11월 29일에는 제적당하였다. 대학 공부에서 멀어진 대신 당시의 보헤미안들이 잘 다니던 커피숍 '슈테파니'나 뮌헨의 카바레, 소극장 등에 출입하면서, 그는 시사 풍자의 카바레 촌극에 촉발되는 바가 적지 않았다. 발터 메링과 드나들었던 '야생극단'의 광대 카를 발렌틴의 영향이 밴 〈소시민의 결혼〉 등 몇 개의 소품이 1921년에서 1922년 사이에 쓰여진 것으로 보인다.

1921년 11월 7일 밤 두 번째로 베를린행 기차를 탄 브레히트는 다음 해인 1922년 4월 26일까지 그곳에 머물렀다. 그의 목적은 연극계 인사들과 출판계 사람들을 사귀는 것이었다. 당시 연극의 중심지였던 베를린을 자주 방문했던 브레히트는 『인간 베를린』지 편집자 차레크와 친교를 맺고 또 빈 출신의 표현주의 작가 브론넨과 사귀게 된다.

1922년 9월 베를린에서 자기 작품의 상연 가능성을 타진하고 있었을 때 포이히트방어의 추천으로 〈밤의 북소리〉가 뮌헨의 캄머슈필레 극장에서 오토 팔켄베르크 연출로 상연되었다. 이 작품 공연이 클라이스트상 수상으로 이어짐으로써 이제 연극계에서의 브레히트의 위상이 어느 정도 확립된다. 연극평론가 이어링은 이 초연에 찬사를 보낸 이래 이후 줄곧 브레히트에게 우호적이었지만 당시 연극평론계의 대가였던 알프레트 케르는 기성 연극에 대항하는 브레히트 연극의 진면목을 인정하지 않음으로써 이후 때때로 브레히트와 논쟁을 벌이는 대립 관계에 이른다. 그해 11월 〈밤의 북소리〉가 베를린에서 상연되기 한 달 전에 브레히트는 작가 오토 초프의 누이동생인 여배우 마리안네 초프와 결혼한다. 이 결혼은 한네 요프라는 예명으로 여배우가 된 딸 한네 마리안네를 남기고 1927년에 파경에 이른다.

1923년 5월 브레히트의 제2작품으로서 뮌헨 극계에 선보인 것은 〈정글 속에서〉였다. 처녀작 〈바알〉은 그보다 약간 늦은 그해 12월 라이프치히에서 초연되었다. 〈정글 속에서〉는 그랍베의 〈한니발〉 개작과 병행하여 1921년경부터 집필되고 있었다. 뮌헨 공연의 연출은 엥겔이 맡았으며 다음 해 베를린 상연에는 나중에 연출가가 된 프르츠 콜트너가 셰링크 역을 맡았다. 이 작품은 다름슈타트 공연 때부터 〈도시의 정글〉로 제목이 바뀐다.

신진 극작가로서 주목을 받기 시작한 브레히트는 뮌헨의 캄머슈필레 극장에서 〈맥베스〉 연출 의뢰를 받지만 셰익스피어 대신 같은 엘리자베스 여왕 시대의 작가 크리스토퍼 말로의 〈에드워드 2세〉를 상연시키기로 한다. 이 개작은 포이히트방어와의 공동 집필로 대본이 이루어져 1924년 3월에 초연되었다. 브레히트가 연출가로서 데뷔한 것이다. 그해 말 이 작품은 표현주의 연출가로서 이름이 높았던 예스너에 의해 베를린에서도 상연되었다.

1924년 브레히트는 마침내 아우크스부르크 시대와 뮌헨 시대를 마감하며 제1차 베를린 시대의 개막을 위하여 당시 독일의 수도 베를린으로 이주하였다.

베를린에서 그가 맡은 역할은 독일 극단의 문예 담당 직책이었다.

그 자리는 베를린 극계의 대가였던 연출가 막스 라인하르트가 마련해 준 것으로 당시 동료로서는 브레히트와 대조적인 극작가 카를 추크마이어가 있었다. 라인하르트는 보수적인 연극관으로 일관된 연출가이지만 새로운 연극 운동에도 민감한 편이어서 신진 브레히트에게 직책을 맡겼다. 그러나 브레히트의 세계와 자기 이상과의 차이가 얼마나 큰 것인가를 뚜렷이 인식했을지 알 수는 없다. 1926년 브레히트가 독일 극단 자리를 떠날 때까지 볼거리가 많은 스펙터클 연극으로 관객을 사로잡으려는 연극의 마술사 라인하르트 덕에 그는 비교적 얽매이지 않는 자유로운 문예 담당으로 작품 창작에 성과를 올린다. 뮌헨 시절부터 손댄 〈남자는 남자다〉가 1925년에 완성되어 다음 해 9월 다름슈타트에서 초연된다. 이 작품은 나중에 개작되지만 그러는 사이에 브레히트의 마르크스주의 학습이 시작된다.

2. 마르크스주의의 세례와 서사극

그의 마르크스주의 학습은 1926년경 칼 마르크스의 『자본론』 읽기에서부터 시작되어 베를린의 노동학교 강의에 참석, 열심히 청강한다거나 주식 시장의 실제 거래에서 현장 학습을 시도하는 식으로 구체화된다.

그전까지만 해도 브레히트는 아웃사이더로서 부르주아 시민 계급의 모럴(moral)을 비판하고 기성 연극을 뿌리에서 뒤집는 작업에 몰두했고 그런 그는 니힐리즘과 아나키즘에 가까운 세계관을 지녔었다. 어떤 '이즘'에 빠진다는 것은 그가 지닌 시적 정신에 위배되는 것이었다. 그럼에도 불구하고 마르크스주의에 빠져들어간 그의 사상적 성장은 초기의 그가 지녔던 현란한 이미저리(imagery)와 비전으로의 몰입을 억제시켰다. 바로 이 시적 자유주의를 억제하는 규제야말로 브레히트 작품 세계의 발전을 위하여 불가피한 단계라고 할 것이다. 예술성과 사회성이라는 모순을 발전시켜나가는 과정으로서 마르크스주의라는 정치적 학습은 예술적 의미를 담고 있다 할 것이다.

이러한 마르크스주의 학습과 함께 에르빈 피스카토르(Erwin Piscator)의 정치 연극 운동과 제휴하게 된 브레히트는 라인하르트의 스펙터클 연극과 피스카토르의 시사(時事) 연극에서 많은 시사를 얻게 된다. 피스카토르의 정치 연극에는 환등, 영화 프로젝트 사용, 통계, 기록의 활용, 보고 형식의 채용 등 이른바 브레히트 서사극의 효과가 미리 제시되었다 해도 과언이 아니다. 실제로 '서사극'이라는 말이 처음 사용된 것은 파퀘가 쓰고 피스카토르가 연출한 재판극이 그 효시였다. 이 작품은 1886년 시카고에서 일어났던 무정부주의자에 대한 조작 재판극을 다룬 것이다.

자기 연극의 방법론을 드라마의 생산 부족에다 기인시킨 피스카토르는 몇몇 작가들의 공동 작업으로 시사적 작품 구성 방법을 도입하는 것으로 대신하려 했다. 공동 작업에 참여하는 작가로서 브레히트는 피스카토르의 협력자 가운데 한 사람이 되었지만 하셰크 원작의 〈성실한 병사 슈베이크〉의 극화 같은 것은 브레히트의 후기 작품 구성에 중요한 의미를 지니게 된다. 브레히트 스스로 〈남자는 남자다〉 이후 거의 모든 작품 구성에서 몇 사람의 집필 스태프의 협력을 얻어 작품을 완성해나갔다는 사실은 익히 알려져 있으며 그런 작업 방법은 피스카토르로부터 배운 것이다. 그러나 피스카토르에 의해 상연된 거의 대부분의 작품들은 연출에 의해 겨우 작품으로서 이름이 남아 있는데 비해 브레히트의 작품들은 그 어느 것 하나도 브레히트의 개성이 배어나지 않는 작품이 없다. 부르주아 사회의 개성 있는 예술가의 위상을 거부하고 예술 분야에서도 '대체될 수 없는' 개인 대신 사무적인 집단 작업을 긍정했던 그가, 그가 아니면 어떤 작가도 만들어낼 수 없는 아주 특이한 작품을 남긴 셈이다.

시인으로서의 브레히트는 1927년에 『가정용 설교집(*Haus-postille*)』을 출간했다. 그 시집은 희곡 〈바알〉로부터 〈마하고니 시의 흥망〉에 이르는 지난 브레히트의 세계를 집대성한 것이라고 볼 수 있다. 극작가로서 또한 시인으로서 주목받기 시작한 그가 『문학세계』지 현상 응모 시 분야 심사위원으로 위촉되자 그는 5백여 편의 응모 작품들을 제쳐놓고 닷새간의 자전거 경주를 테마로 한 무명 시인의 작품을 당선작으로 뽑았다. 그는 모든 시들이 감상적이며 기교적이고 사회와의 단절이라는 낡은 시적 경향 내지 옛 풍류 시인 유형에 빠져 있음을 지적하고 시에 있어서의 사회성과 이른바 예술(시)의 유용성을 내걸어 당대의 대가들인 릴케나 게오르크 같은 고답적 시인들을 일단 부정하고 배격하였다.

이런 연극적 사상의 발전은 〈남자는 남자다〉 집필과 병행해서 브레히트의 독자적인 연극관을 형성해갔다. 그런 방향을 서사적 연극의 모색이라 한다면 일면 당시 음악 분야에서 시도되고 있던 새로운 움직임과도 무관할 수 없다. 브레히트는 음악적 교양 수준이 높다고 할 수는 없었지만 음악에 대한 자신만의 견해는 뚜렷해서 몇 개의 '송'(노래)에는 자기 나름대로 곡을 붙이기도 했다. 스트라빈스키, 미쇼 등이 시작한 신음악 운동은 큰 악기 편성으로 중후한 고전적 음악에 대한 일종의 반항이었다. 그들은 경쾌하고 명석한 음악, 작은 편성의 오케스트라에 의한 실내 오페라를 탄생시키고 재즈의 영향조차 엿보이게 하는 음악과 간단한 무대 구성의 상연 방식을 통해 고전적·미식(美食)적 오페라에 대한 도전적 자세를 엿보이게 한다. 힌데미트, 부르크하르트, 바일 등 독일의 젊은 작곡가 그룹이 1923년에 도나우에싱엔에서 개최한 실내악 페스티벌은 1925년부터 바덴바덴에서 매년 열리게 되었고 온갖 실험적 음악의 가능성이 모색되었다. 시집『가정용 설교집』에 관심을 가진 쿠르트 바일(Kurt Weill)이 브레히트의 협력을 요청해서 〈작은 마하고니〉가 쓰여진 것은 1927년이었고, 이후 1930년 이를 확대 개작한 〈마하고니 시의 흥망〉이 발표되었다. 바일이 민요적인 것에서 재즈 음악으로까지 치달은 것은, 상품화되지 않은 고유한 재즈의 민중성을 인정해 들어간 브레히트와 상호 조응한 탓이다.

브레히트는 '심각한' 음악이 지닌 리리시즘이라든가 개성적 경향에 비교할 때 저급하다고 일컬어지는 오페레타라든가 굿판, 카바레 등의 싸구려 음악이 훨씬 연극적으로 짓거리적 요소가 풍성하다고 본 것이다.

브레히트, 서사극, 낯설게 하기 수법

브레히트와 바일이라는 짝이 이룩한 빛나는 성공작 〈서푼짜리 오페라〉는 두 개의 마하고니 드라마 중간에 있지만 여기에서는 음악이 '송'(노래)에 의해 연극적 흐름을 중단한다는, 음악에 의한 낯설게 하기의 소격화(疏隔化) 수법이 두드러진다. 음악이 대사와 맞겨루어지면서 일종의 각성 상태를 만들어 내고 연극 줄거리를 해설하거나 이야기의 전달 역할을 하고 문장에 언더라인을 치는 역할도 한다. 정확하게 말하면 극 중의 인물이 극 중의 상황에서 노래하는 '송(song)'도 있다. 노래(송)로는 성공한 〈해피 엔드〉도 이와 같은 시도를 해나갔다. 〈마하고니 시의 흥망〉은 비슷한 가벼움, 도약, 비슷한 정감적 재즈 멜로디를 사용하고 있지만 전체 두 작품과의 큰 차이는 오페라 대본이라는 형식 때문에 당연한 것이기는 하지만 넘버링으로 작곡이 붙여져 음악이 괄호를 여닫는, 그런 낯설게 하기의 기능이 상실된다. 고전적 · 미적 오페라를 역공하는 형식이라 하더라도 이성적인 요소를 이용하여 조형성이라거나 리얼리티를 바라는 온갖 노력이 경주되었으나 모든 것은 넘버링이 붙는 음악에 의해 해소되어버리는 것이다. 그런 경험 때문인지 브레히트는 그 이후 순수한 오페라 대본은 집필하지 않고 〈서푼짜리 오페라〉에서 시도했던 방법을 계승한다. 그런 예증으로는 노래(송)가 나오면 음악성을 내세우지 않고 드라마 부분과의 분리를 두드러지게 하는 낯설게 하기 방법 등이 나중 작품에도 활용된다.

바일은 〈린드버그의 비행(대양 횡단비행)〉〈예스 맨〉, 발레 대본 〈소시민의 일곱 가지 큰 죄〉를 작곡했다. 바덴 음악제를 위해 쓰여진 〈합의를 위한 바덴 교육극〉은 힌데미트가 작곡했으나 작가와 작곡자의 입장이 상충되어 불화의 씨가 되었다.

브레히트가 차츰 억제된 엄격한 문체로 글을 쓰기 시작함으로써 바일의 경쾌하고 정감적인 음악과의 사이에도 틈이 생기기 시작한다. 이 시기에 쇤베르크의 제자였던 한스 아이슬러(Hanns Eisler)와의 협력 관계가 이루어진다. 그가 작곡한 〈조치〉가 너무 정치적이라는 이유로 힌데미트가 주최하던 신음악제에서 거부된 이래 그들 둘의 협력은 더욱 긴밀해져서 〈공 대가리와 송곳 대가리〉 〈갈릴레이의 삶〉 등에 아이슬러의 음악이 붙는다. 〈에미〉의 음악은 프롤레타리아에게는 삶에 필요한, 해결을 요하는 어려운 문제를 단순화시켜주는 것이었다고 브레히트는 말한다.

브레히트의 음악 협력자로서는 망명 시절 이후 〈억척어멈과 그 자식들〉, 〈사천의 착한 사람〉의 음악을 담당했던 파울 데사우(Paul Dessau)가 있고 루돌프 바그너-레게니(Rudolf Wagner-Régeny)가 있으나 그 가운데서도 아이슬러를 높이 평가할 만하다. 브레히트가 의식적으로 마르크스주의를 공부하게 된 계기는 시카고의 밀 거래상을 다룬 「백정 조 P.」라는 미완성 희곡이 그 계기가 되었다. 이 작품을 쓰려고 그는 시카고의 밀 주식시장의 내막을 알기 위해 전문가를 찾아다니며 자료를 수집했다. 그러나 경제학자만이 아니라 실제로 다년간 그 주식시장에서 밀 거래를 하고 있던 사람들마저 시장을 합리적으로 설명해주지 못했다. 브레히트는 주식시장이란 설명이 불가능하고 불합리한 것으로 간주, 희곡 집필 계획을 포기했다. 그런데 『자본론』을 읽다 보니까 이런 모든 설명 불가능한 불합리성이 깨끗이 해명되는 것을 알게 된 것이

　　　　　　　　　　　　　　　브레히트, 서사극, 낯설게 하기 수법

다. 브레히트는 자신이 여러 분야에서 실제로 겪은 체험이라든가 인상이 처음으로 활용될 수 있음을 깨닫게 되었다. 『자본론』에 몰입해 있다고 스스로 자인하며 노동학교의 강습에 열심히 다니게 된 학습 시기 (1927~1928)가 그렇게 시작된 것이다. 그의 철저한 학습은 마르크스에서 헤겔에 이르렀으니 이 공부 때문에 창작 쪽이 한때 정체되었을 지경이었다.

경제 법칙의 기계적인 파악 방식은 〈남자는 남자다〉 이래의 생각을 더욱 진척시켰고 경제정책에 대한 전투적 비판을 더하려는 시도는 〈도살장의 성 요한나〉에 나타난다. 교육극 계열의 작품에는 이미 뚜렷이 브레히트의 마르크스주의적 경향이 나타나지만 〈마하고니 시의 흥망〉의 각서 형식으로 제시된 '서사적 연극'의 내용을 원용하면서 정면으로 혁명의 문제를 다룬 것이 〈도살장의 성 요한나〉이며, 고리키의 소설을 각색한 〈에미〉이다. 이 작품에서는 또 하나의 정치적 자세가 제시된다. 그것은 수정주의를 철저히 탄핵하는 급진적 입장이다. 몹시 도그마틱한 이러한 마르크스주의는 인간의 구원, 곧 혁명이라는 커다란 사랑을 위해서는 작은 사랑을 버려야 한다는 점을 강조하는 것이지만 그 당시의 독일 사회주의 공산당 노선에 충실했다고 보기 어렵다. 그것은 지식인들로 하여금 중립주의를 버리고 대중에게 계급투쟁을 자각시키는 사명을 강조한 사회주의자 슈테른베르크나 일찍이 당을 떠나간 코르슈 등으로부터 어느 정도 영향을 받았기 때문이라고 간주된다. 그 두 사람은 모두 코민테른과 당 노선에 어느 정도 거리를 유지했으며 특히 슈테른베르크는 로자 룩셈부르크의 입장과 비슷하였다.

브레히트의 〈에미〉도 이 '독일 노동자의 선구적 여성투사'에게 바쳐진 것이며 그는 〈로자 룩셈부르크〉 극을 평생토록 완성시키려고 했다는 것이다.

전략과 전술 문제에 관해서 말하면 독일 공산당과 브레히트의 마르크스주의적 입장은 꽤 거리가 있는 것이었다. 브레히트가 1930년에 입당했다는 설도 있으나 그 진위는 확실하지 않다.

어쨌거나 브레히트는 자기 독자적인 급진적 입장을 망명 초기인 1935년까지 지속시킨다.

망명에 이르는 브레히트의 연극 활동에 대해서는 작품 위주로 설명하겠지만 희곡 이외의 분야에서 시집 『대도시 시민을 위한 그림책』 『세 사람의 병사』 『게오르크 그로스 삽화』가 출판되었으며 우화집 『코이나씨 이야기』의 집필이 시작되었다.

나치스의 득세와 함께 시대는 브레히트를 향하여 급박하게 돌아갔다. 1932년 1월 5일 〈에미〉가 그의 연출로 쉬프바우어담 극장에서 초연된 다음 〈도살장의 성 요한나〉가 베를린 라디오 방송의 음파를 탄 것이 2월, 3월에는 그의 각본인 영화 〈냉혈한 배불뚝이〉(감독 슬라탄 두도프)가 검열 당국에 의해 상연 금지되었다. 1933년 1월 28일 에어푸르트에서의 〈조치〉 상연이 경찰의 방해로 중단되었고 다름슈타트에서의 〈도살장의 성 요한나〉 공연 계획도 시당국에 의해 거부된다.

그해 2월 27일 국회 방화 사건이 일어난 것은 다가올 혹독한 시련의 신호탄이었다. 브레히트는 그의 가족과 몇몇 친구들과 더불어 조국을

브레히트, 서사극, 낯설게 하기 수법

버리고 프라하를 거쳐 빈, 그리고 스위스 취리히로 망명한다.

3. 망명기, 그리고 만년의 동베를린 시대

불타는 국회의사당은 히틀러 나치스 전체주의 집권의 신호탄이었다. 브레히트는 망명길에 올랐지만 독일을 구심점으로 주변 도시들을 배회하였다. 아마 그는 곧 다시 독일로 돌아가리라고 믿었는지 모른다. 4월에서 9월까지 그는 스위스 테신의 카로나에 머물며 토마스 만, 하인리히 만 형제, 리온 포이히트방어, 아놀드 츠바이크, 에른스트 톨러 등과 회동한다. 6월에 그의 유일한 발레 대본 〈소시민의 일곱 가지 큰 죄〉가 발란신 안무로 파리에서 상연됨으로써 그곳을 잠시 거쳐 브레히트는 가족과 함께 코펜하겐으로 옮겨 덴마크 해안가의 스웬보리(Svendborg)에 작은 농가를 얻어 정착한다. 덴마크의 나치스 당원들이 그의 추방을 요구했지만 정부가 이를 거부함으로써 나치스의 본격적인 덴마크 침략이 시작되기까지 약 6년간 그의 스웬보리 창작 생활이 이루어진다. 〈공 대가리와 송곳 대가리〉 〈제3제국의 공포와 비참〉 〈카라르 아낙네의 총〉 등 시사적인 작품들이 집필되었고 완성기의 걸작인 〈갈릴레이의 삶〉 〈억척어멈과 그 자식들〉 〈사천의 착한 사람〉이라든가 방송극 〈루쿨루스 심판〉도 일단 탈고되었다.

작품만이 아니라 완성기 연극론의 전초전이라 할 「오락연극과 교육연극」 「중국 배우술 각서」 등의 에세이와 시인으로서의 그의 자질을 가늠케 하는 중요한 시론 「자유운율의 무운율시」, 그리고 광의의 리얼리즘을 논하는 「리얼리즘 서술 방식의 넓이와 다양성」, 정치적 작가의 전술로서 유효한 「진실을 쓰기 위한 다섯 가지 어려움」 등도 이 시기의 작업 결과이다.

덴마크의 나치스 당원들에 의한 시민권 박탈 소동에 이어 1935년 11월 19일 〈에미〉의 미국 뉴욕 상연차 도미했던 그는 일단 돌아왔다가 스웨덴, 헬싱키 등지를 전전하였다. 〈억척어멈과 그 자식들〉이 스위스 취리히 극장에서 초연된 1941년 6월 핀란드에서 시베리아 철도를 타고 모스크바를 경유하여 블라디보스토크로 갔고, 그리고 그곳에서 미국 캘리포니아의 산페드로로 떠난 브레히트는 할리우드 근처의 산타 모니카에 집을 얻는다. 찰리 채플린과 우정을 나누며 뉴욕에서 피스카토르와 회동하게 된 것은 기연이었다.

스위스 취리히 극장이 브레히트 완성기의 드라마들을 초연한 것은 〈억척어멈과 그 자식들〉을 위시하여 〈사천의 착한 사람〉(1943년 2월), 〈갈릴레이의 삶〉(같은 해 9월)였다. 1944년에서 1945년에 걸쳐 〈코카서스의 백묵 동그라미〉가 완성되었으며 1945년에 〈제3제국의 공포와 비참〉이 뉴욕에서 공연되었고 찰스 로턴의 번역과 주연으로 〈갈릴레이의 삶〉이 초연된 것은 전후인 1947년 7월 31일 할리우드 근처 베벌리 힐스에서였다.

이미 종전이 되어 〈제3제국의 공포와 비참〉이 베를린에서 처음으로 상연된 다음 브레히트는 영역(英譯) 개정판의 〈갈릴레이의 삶〉 상연이 미국의 관극 풍토와 맞지 않는 사실을 깨닫는다.

그를 덴마크, 핀란드로 망명케 했으며 마침내 미국으로 내쫓았던 나치스 정권은 이제 패망하였다. 그러나 이 망명 시기에 〈주인 푼틸라와 머슴 마티〉〈억척어멈과 그 자식들〉〈사천의 착한 사람〉〈갈릴레이의 삶〉등 그의 4대 걸작들이 완성되었고 계속해서 이 작품들에 대한 개작이 이루어지고 있었다.

미국은 브레히트 작품의 공연 장소로서는 크게 이바지하지 못하였다. 〈갈릴레이의 삶〉만이 상연의 기회를 가졌으나 전시 중에도 유일한 양심적 독일어 극장이었던 스위스 취리히 극장은 브레히트 후기 작품의 초연 장소로 영광의 기록을 갖게 된다. 미국에서의 불우한 생활 속에서도 〈시몬 마샤르의 환각〉〈아르투로 위의 막을 수 있었던 득세〉〈제2차 세계대전의 슈베이크〉등이 완성되었으며 이 작품들은 1940년경에 정리되었던 그의 연극론의 핵심인 「거리 장면」 「배우술의 새 기법」 등과 깊은 관련을 맺는다.

그가 미국을 떠나기 전 1947년 11월 냉전 시대를 맞아 미국에도 나중의 매카시즘을 예고하는 히스테리컬한 시대가 오고 있었다, 그는 반미활동위원회의 소환을 받아 지난날 공산주의와의 접촉에 따른 날카로운 심문을 받게 된다. 가차없는 질문에 민중적 교활성으로 대처한 브레히트는 사상 통제의 폭풍우를 예감하고 마침내 12월 7일 뉴욕 맥심 엘리엇 극장에서의 〈갈릴레이의 삶〉 공연 중에 스위스로 떠나 십수년 만에 다시 유럽의 땅을 밟게 된다.

스위스 취리히 호반에 거처를 정한 브레히트는 1948년 초에 막스 프리슈, 귄터 바이젠보른 등과 제휴한다. 〈안티고네〉 모델 공연에는 아내인 헬레네 바이겔이 주연이었다. 그해 7월 5일 취리히 극장에서

〈주인 푼틸라와 머슴 마티〉의 초연이 이루어진다. 그 사이에 그의 연극론의 집대성이라 할 「연극을 위한 작은 오르가논(사고방식)」 77장을 완성한다. 브레히트는 취리히에서 서독 입국 허가를 기다리고 있었다. 그러나 입국이 주둔군 당국에 의해 거부되자 체코 여권을 가지고 프라하를 거쳐 8월에 동베를린으로 향하였다. 조국 독일의 동서 분열 상황에서 그는 사회주의 국가로 출발한 동독을 택한 셈이 되었다. 일선에는 그가 소망해왔던 자신의 극장을 동독 당국이 제공해준 것이 동독행의 계기가 되었다고도 한다.

그는 동베를린의 독일 극장 총감독이 되었다. 1949년 1월 이 극장에서 부인 바이겔 주연의 〈억척어멈과 그 자식들〉을 상연, 그의 서사적 연극을 실제 무대에 처음 올려 획기적인 성공을 거둔다. 9월에는 자기 극단인 베를리너 앙상블을 결성, 11월에 그 이름으로 처음 〈주인 푼틸라와 머슴 마티〉를 상연했고 1954년에는 그동안 공연 터전으로 삼았던 독일 극장에서 쉬프바우어담 상설극장으로 이전하였다. 이곳이 이른바 브레히트 숭배자들의 메카가 된 베를리너 앙상블의 보금자리이다. 브레히트의 만년은 이 극장에서의 실제 작업에 거의 바쳐진 시간이었다.

사회주의 국가 자체가 지닌 모순과 싸우면서 자본주의 사회에 대한 공격 자세는 일관되게 유지한 브레히트는 현실 참여라는 정치 행동과 시인·예술가의 모순을 몸소 겪으며 망명 기간 동안 거의 상연의 기회가 없었던 그 시절의 여러 걸작들을 신중한 준비 아래 새로운 배우라든지 연출가들을 길러가며 무대에 올려 나갔다. 그런 면에서 작품의

베를리너 앙상블 앞 브레히트 동상

완성기인 망명 시대에 비하여 오히려 전후에는 창작 작품 활동이 부진하였다는 비판도 받게 된다. 그만큼 동베를린으로 돌아와 그는 〈억척어멈과 그 자식들〉 상연으로 서사적 연극의 성과를 무대에서 보여주고, 자기 극단 베를리너 앙상블을 데리고 렌츠의 〈가정교사〉 번안과 상연, 〈에미〉〈카라르 아낙네의 총〉 등을 자기 손으로 상연하며 마침내 1954년 6월 쉬프바우어담 전용 극장에서 자작 〈코카서스의 백묵동그라미〉를 초연하였다. 그리고 7월 말에는 〈억척어멈과 그 자식들〉을 가지고 베를리너 앙상블은 파리 페스티벌에서 대상을 차지한다. 그만큼 무대 활동이 두드러진다.

국제적으로 명성을 얻은 브레히트는 오스트리아 국가 시민권을 획득했으며(1950) 동독 국민상 대상을 수여받는다(1951.10). 로젠베르크

탄원을 위해 아인슈타인, 아서 밀러, 헤밍웨이 등과 공동 전선을 펴는 전문을 보내고 동서 펜(PEN) 총회의 의장으로 선출된 것은 1953년 5월이었다. 그해 7월 17일 민중 폭동에 즈음하여 브레히트는 동독의 공산당 당수이자 정부 수반인 울브리히트에게 서한과 전문을 보내기도 했다(편지는 끝문장만이 공개되었다). 1954년 12월 24일에는 국제 스탈린 평화상 훈장을 받는다. 그해부터 서독에 있는 주르캄프 출판사에서 브레히트 전집이 나오기 시작하였다.

1955년 5월 15일 브레히트는 마치 죽음을 감지한 듯이 독일 예술 아카데미에 장례식 수순을 적은 편지를 쓴다. 그리고 다름슈타트 연극 회의에 「오늘의 세계는 연극에 의해 재현될 수 있는가」를 기고하였다. 파리 축제에서 또다시 베를리너 앙상블이 〈코카서스의 백묵 동그라미〉로 상을 받는다.

다음 해 10월 10일 〈갈릴레이의 삶〉 공연을 위한 베를리너 앙상블의 마지막 시연이 끝나고 개막 연습 도중 14일 밤 11시 45분 심근경색증으로 그는 급서하였다. 8월 17일 베를린 도로테아 공원묘지에 묻힌 그를 위해 18일에는 그가 사랑했던 쉬프바우어담 극장에서 위령제가 거행되었다.

브레히트, 서사극, 낯설게 하기 수법

제2장

서사극과
'낯설게 하기' 수법이란 무엇인가

서사극과 '낯설게 하기' 수법이란 무엇인가

1. 〈억척어멈과 그 자식들〉의 서사극적 성공

  나치스에 쫓겨 거의 15년간을 이역에서 떠돌던 베르톨트 브레히트는 1947년 12월 최종 망명지였던 미국에서 다시 유럽으로 돌아왔다. 잠시 스위스 취리히에 거처를 정했다가 분단 조국 독일의 사회주의 체제 아래 동베를린의 독일 극장, 쉬프바우어담 극장에서 전속극단 베를리너 앙상블을 육성하며 자기의 작품들과 서사극 이론을 실제 무대에 적용시키는 작업에 몰두하던 그는 동베를린 정착 10년도 못 된 1956년 8월 14일, 〈갈릴레이의 삶〉 연습 도중에 심근경색으로 급서하였다.

  그가 사회주의 체제의 동독으로 간 것은 소망하던 자기 극장과 극단을 제공받은 것과 함께 그의 마르크스주의적 사회의식이 이데올로기적으로 맞아떨어졌기 때문일 것이다. 1949년 1월 동베를린의 독일 극장을 빌려 헬레네 바이겔(Helene Weigel) 주연의 〈억척어멈과 그 자식들〉

을 상연하여 서사극적 작품의 '낯설게 하기' 기법으로 획기적 성공을 거두었을 때 서사극은 전후 유럽 극계의 새로운 사조가 되었다. 자기 극단 베를리너 앙상블 조직에 들어간 브레히트가 자기 극단을 가지고 첫 공연을 올린 것은 〈주인 푼틸라와 머슴 마티〉였다.

1951년에 상설극장으로 주어진 쉬프바우어담 극장에서 자기의 창작 작품과 서사극 이론을 무대 실천을 통해 통합하려던 그의 꿈은 너무나 갑작스런 죽음으로 끝나버렸다. 망명 기간 동안 거의 상연 기회를 얻지 못했던 여러 작품들을 무대 창작으로 실천해나갔던 동베를린 시절 오히려 망명기보다 작품 창작이 부진해 보이는 브레히트는 그야말로 무대 실천을 통한 창작 생활에 몰두했던 것이다.

브레히트의 서사극 이론은 변증법의 연극을 지향한다. 그가 갑자기 죽음으로써 완성을 보지 못한 서사극은 서사적 연극, 혹은 변증법적 연극을 일컫는 말이다. 서구 연극 이론이 아리스토텔레스『시학(詩學)』 이론의 서정시, 서사시(산문·소설), 드라마의 삼분법에 의해 유지 계승되어 나왔다는 사실은 주지하는 바와 같다. 그런 드라마 장르에 '시적', 혹은 '산문적'이라는 수식어가 붙게 된 것이 서사극 이론의 첫 출발이었다.

2. 비(非)아리스토텔레스 미학

아리스토텔레스의 연극 이론은 감정이입과 카타르시스(정화·배설)

가 기본 틀이다. 연극을 보면서 우리는 극적 상황 속으로 빨려 들어간다. 내가 마치 햄릿 왕자가 된 양, 혹은 내가 파우스트 박사나 그레트헨이 된 것처럼 감정을 무대 등장 인물에게 이입시킴으로써 자신의 감정을 정화시킨다. 현실적으로 이루어지지 않는 꿈을 연극이라는 환상을 통하여 채워 보면서 현실의 좌절이나 불만을 씻어내는 종전의 연극 이론은 그만큼 꿈을 그리는 환상의 무대, 착각의 무대가 얼마나 현실과 비슷한가를 좋은 연극 무대의 조건으로 삼는다.

브레히트의 서사극 이론은 이런 환상 연극에 서사성을 가미함으로써 연극에 빠져드는 것을 차단시키는 기법을 활용한다. 따라서 서사극은 감정이입을 시키는 것이 아니라 의식을 깨우는 연극을 말하며 그런 의미에서 비(非)아리스토텔레스 연극 이론이라고 불려진다.

우리가 (연)극이라고 말할 때는 『시학』에서 말하는 드라마 장르로서의 극형식과 극장 무대에서 말하는 연극으로서의 극형식 두 가지 가운데 하나를 지칭한다. 즉 Drama와 Theater의 엄격한 구별은 서사극의 극이 드라마(텍스트)냐 연극이냐의 문제와 직접적으로 연결되는 것이다. 우리에게 있어서 서사극이라는 말이 개념적으로 혼란을 주는 주요한 원인은 바로 이 점에 있다.

서사극의 극형식이 문학 장르상의 유(類)개념으로서의 드라마냐, 혹은 문학 장르와는 별도로 존립하는 무대 예술로서의 연극 형식이냐에 따라 서사극의 내용 자체가 달라진다. 서사극의 극 형식은 브레히트에 의하면 문학적 드라마의 극이 아니라 그것은 무대 예술의 실천적 행위로서의 연극을 뜻한다. 그가 지향하는 것은 서사시적, 그러니까 이야기체의 구성을 지닌 연극 양식을 수립하려는 것이다. 감정이입을 하여 연극 속에 몰입했다가 정서적 대리 만족을 통해 감정을 정화, 혹은 배설시키는 종전의 연극에 대하여 서사극은 벤야민(W. Benjamin)의 말대로 긴장에서 벗어나 아주 편안하게 즐길 수 있는 연극을 말한다.

벤야민이 설정한 서사극은 관객을 편하게 하고 줄거리는 이미 아는 것으로, 그리고 극중 주인공은 비극적이지 않아야 하고 그가 놓여 있는 상황에 관객이 빠져들지 않도록 감정이입을 중단시켜야 한다. 몰입이 아니라 중단이라는 기법이 관객을 깨어 있게 만든다. 거기에다가 몸짓이 인용 가능할 수 있게 된 것도 서사적 연극의 중요한 업적의 하나로 꼽힌다. 그렇게 하여 서사극은 교육극으로서 관객을 연기자로, 또 배우를 관객으로 바꾸어가는 전환이 용이하며 알기 쉽다는 점에 본질적 특색을 가진다. 연기자는 감정이입을 유도하는 것이 아니라 그의 두뇌가 냉정을 유지하고 있음을 연기로써 증명하는 것이다.

서사극은 영화 필름의 영상처럼 한 쇼트씩 진행된다. 그 기본 형식은 서로 판이하게 다른 상황과 상황과의 충돌에 의한 쇼크라는 형식이다. 노래나 자막이나 낡은 관습 같은 것이 하나의 시추에이션을 다른 상황에 대해 두드러지게 하고 낯설게 하고 이화(異化)시키며 소격(疏隔)시킨다. 그 결과 관객들의 환상을 손상시키는 인터벌(틈)이 생기고 감정이입을 준비하고 있던 관객들의 호흡은 중단된다. 극단적으로는 동화하지 않는 표현법이 서사극적이다. 그리하여 벤야민은 브레히트의 서사극에서 극장 무대가 교단으로 바뀐다고 설파하였다.

브레히트, 서사극, 낯설게 하기 수법

그의 설명은 무대가, 가르치고 배우는 교단이 되고 거기에서 토론이 벌어지고 사회의식이 싹트고 깨어난 의식이 비판을 낳고 마침내 사회를, 세계를 개혁할 수도 있다는 것이다.

브레히트는 서사극에서 어떤 인물의 행동을 보여주기는 하나 그 행동이나 상황을 낯설게 해서 두드러지게 만드는 소격화 효과(Verfremdungseffekt)를 노린다.

처음으로 '낯설게 하기'의 두드러지다, 소외시키다(entfremden → verfremden)라는 표현이 쓰인 것은 1936년에 상영된 〈공 대가리와 송곳 대가리〉에서였다. 여기서는 '낯설게 하기'가 동사의 과거분사로서 aufgehoben과 verfremdet로 표현되었다.

어떤 사건이나 행동의 어느 한순간, 혹은 하나의 상황을 두드러지게 돋보이게 만드는 낯설게 하기의 수법은 우리가 일상적인 것으로 넘겨버리기 쉬운 사실에 대하여 한 번 더 문제를 제기해보는 방법이다. 낯설고 두드러져서 우리의 주의와 관심을 환기시키는 이 수법은 일상적인 사실을 역사적 대사건처럼 저만치 거리를 떼어놓고 멀리하여 무게를 부여함으로써 새롭게 보이게 한다. 동시에 그와 반대로 위대한 인물을 가능한 한 평범한 사람의 차원으로 끌어내려서 우리 이웃처럼 가까이에서 바라보게 하는 작용도 한다. 그렇게 하여 우리의 고정관념에 뿌리 박혀 있던 사건이나 인물이나 상황이 더 눈에 두드러지게 드러나고 그것들은 새로운 관점의 척도에 따라 평가된다.

이제까지 분명하다고 생각했던 것이 이 소격화 효과, 낯설게 하기의 기법에 의해 이해할 수 없는 것으로 바뀌어버리기도 하고 이미 알고 있던 평범한 것이 특수한, 예기치 못한 것으로 바뀔 수도 있다.

3.「거리 장면」의 낯설게 하기

교통사고가 일어난 장면을 재현하는「거리 장면(Die Straßenszene)」에서 운전수와 피해자와 목격자의 실연(實演)은 사고를 당한 당사자들의 표현에 차이를 낳게 한다. 이 서사극의 기본형에서 브레히트는 각자가 자기들의 주장에 따라 낯설게 하기 기법을 달리해서 효과를 달성하려 한다고 말했다.

소격화, 소외 효과라고 불리는 낯설게 하기 수법은 무대 위의 장면을 낯설게 해서 그만큼 그 장면을 두드러지게 하는 수법이다. 다시 강조하거니와 관객들의 시선을 한곳으로 모으는 방법은 여러 가지일 수 있다. 교통사고를 당한「거리 장면」에서는 운전자와 피해 당사자, 그리고 그 장면을 증언하는 목격자들이 저마다 자기 입장에서 그 순간을 재현한다. 그러니까 사고 순간 자체가 몇 개의 낯선 순간으로 재현되고 주장하는 입장에서는 자기 주장을 두드러지게 보여주는 순간이 되어야 한다. 사고순간의 상황이 아주 짧아지거나 늘어나거나 한 템포 늦추어 연기됨으로써 V-효과가 유발되는 것이다.

보통 때 같으면 전혀 의식하지 않고 넘어갈 연필 한 자루, 물건 하나, 사물이나 상황이 낯설어져서 두드러져 보일 수 있다. 우리가 보통 왼팔에 차고 다니는 시계 하나만 하더라도 거의 의식하지 않고 몇 시냐고 일부러 들여다볼 때 아니고서는 시계는 없다고 해도 과언이 아니다. 그런데 태엽이 풀렸거나 전지가 다 되어 시계가 서버렸을 때 '아! 이놈이 섰구나' 하면 그때 시계는 무심한 기계에서 우리 의식 안에서 살아 작용하는 매체가 된다. '아, 이놈이, 분침이 재깍재깍 움직이며 가는구나' 하는 인식이라든지 심지어 시곗줄이 꽤 낡았군, 누가 주었더라, 어디서 샀던가, 아하 이놈은 내가 세 번째 연애할 때 그 여인이 선물했던 오래된 시계지 등등.

4. 시계 하나의 낯설게 하기 수법

한낱 기계에 지나지 않는 시계가 이화(異化, verfremdet)되어 낯설어지고 두드러져 보이고 비중이 높아진다. 연필 한 자루를 흔들어도 그것이 지휘봉이 될 수 있고 상대를 찌르는 무기가 될 수도 있다. 무엇을 낯설게 만들어서 무대 위에 두드러진 장면을 만들어내어 관객들의 시선을 모으고 의식을 일깨우느냐가 서사극의 낯설게 하기 수법, 곧 이화 효과(Verfremdungseffekt)가 몰아 올리는 궁극적 목적이다.

이 서사극의 핵심 테크닉은 연기자들의 저마다 다른 등장으로 낯선 장면이 만들어지지만 제3자인 해설자의 등장으로, 노래로, 가면 등으로 표현을 바꿀 수도 있다. 그런가 하면 대사를 바꾸는 형식으로, 문장으로 말하면 산문조에서 운문 형식으로, 시를 읊조림으로써 분위기를 바꿀 수 있다. 혹은 그 반대로 운문에서 산문조로, 노래가 대사로, 대화 형식에서 노래로 바뀜으로써 낯선 두드러진 장면을 만들어낼 수가 있다.

환등기를 통한 이미지 형성 같은 영화 기법의 활용도 가능하고 플래카드나 자막 이용으로 연극 진행의 호흡을 바꿀 수도 있다. 극중극의 수용, 전형(典型)의 뒤집힘, 잘 알려진 사실의 인용(引用), 일인다역(一人多役) 등의 다양한 모든 수법들이 전형적인 서사극의 낯설게 하기 테크닉으로 무대를 두드러져 보이게 한다.

그렇게 말하면 우리나라 민속극에 친숙한 독자라면 민속극 열두 마당이 줄거리의 전체적 승계 없이, 어떻게 보면 기승전결의 법칙 없는 잡다한 집합체를 연상할 수도 있을 것이다. 그래서 우리의 전통놀이 연희전승 형식에 익숙한 눈으로 보면 서사극이라는 것이 우리 체질에 익숙한 이야기 전승 체계라는 데 긍정하기 쉽다. 단지 의식적이냐, 의도적이냐, 그만큼 계산적이냐 하는 차이는 분명히 있다. 대체로 유럽 미학이 그리스 이래로 아리스토텔레스에 의한 서정시(운문), 서사시(이야기 형식−산문), 드라마(연극 양식)의 삼분법으로 전승된 탓으로 우리나라를 위시한 동양권의 미학이 수립되지 못하고 동남아, 아프리카, 남미 등 몸의 미학을 전승시켜 나온 전통 예능 위주의 세계에서는 서사극적 수법이라는 낯설게 하기의 두드러짐 연출 수법은 오히려 천연의, 당연한, 자연스러운 기법일 수 있다. 그런 생리가 우리의 체내에 면면히 흐르고 있어서 '서사극의 낯설게 하기' 수법은 음양오행설처럼 큰 거부감 없이 수용될 수 있을지도 모른다.

브레히트, 서사극, 낯설게 하기 수법

5. 통합문화 지향의 서사극

브레히트는 이런 수법들을 일본, 중국 같은 동양 연극에서, 그리고 발리섬 같은 동남아 연희놀이 형식에서 차용했다. 중국의 경극에서, 일본 가면극 노에서 빌려온 수법이 있다. 이런 동양적 연극 양식들은 우리나라 굿·제의나 민속 탈춤놀이에서 흔히 보듯이 서사적 이야기 장면들이 얽혀 열두 거리를 형성해나가는 과정과 비교하거나 연상하면 이해하기가 쉽다. 원래 서사, 서사시라는 문학 장르가 이야기의 나열이라서 연극·드라마처럼 줄거리의 기승전결에만 치닫지 않고 느긋한 수용 자세를 취한다. 따라서 이야기는 수용하는 측에 따라 중간에 끊어질 수도 있으며 쉬었다 즐길 수도 있다. 그러니까 결말도 굳이 해결을 내걸지 않은 채 폐쇄 희곡처럼 결말을 내지 않고, 다른 말을 하면 이야기를 닫지 않고 열어놓은 채 막을 내릴 수도 있는 것이다.

유럽의 문예사조는 간단히 말해서 그리스의 아리스토텔레스 미학에서 나와 서정시, 소설(산문, 서사시), 드라마(연극)라는 3대 장르로 굳어진 채 세계 사조가 형성된 형세이다. 그러나 동양의 미학이라거나 이른바 제3세계의 연희놀이 형식은 아리스토텔레스 미학으로 다 수용되지 않는다. 그렇게 하여 이른바 비(非)아리스토텔레스 미학이 갈 길 잃은 현대미학의 길잡이가 된다.

브레히트의 서사극 이론이 비(非)아리스토텔레스 미학 계열에 속하는 까닭도, 그가 서사극을 '변증법'의 정반합으로 간주하는 것도 그런 측면에서 연원을 찾을 수 있다. 동양 연극이나 제3세계 연희, 우리나라 굿이나 탈춤놀이 등이 보편적인 서사 양식을 갖추고 있다는 사실은 쉽사리 이해할 수 있다.

굿의 과정을 살피면 ① 공동체 구성원들의 영신 행렬과 모셔온 신들의 좌정, ② 가무오신, ③ 예언과 신탁(神託) 과정이 이어지고 ④ 신들을 보내는 송신(送神) 과정으로 끝난다. 그 가운데 두 번째 과정의 '가무오신'에서 신들을 즐겁게 하는 예능놀이─노래, 춤, 곡예 등이 가장 두드러지는 부분이다. 굿의 과정은 대개 열두 거리라고 하지만 이 '거리'들이 바로 서사체, 이야기들이다. 이 서사극적 '거리'들은 줄어들면 서너 거리, 늘어나면 스물서너 거리로 확대되기도 한다.

그런 가운데 굿의 주재자인 무당은 노래와 춤만이 아니라 곡예적 요소도 도입해서 자기 신장보다 큰 돼지 한 마리를 업고 춤추거나 창으로 중심을 잡아 땅에 세우기도 한다. 뿐만 아니라 물이 가득 찬 물동이를 이빨로 물어 올린다. 이런 신이(神異)를 통해 구경꾼들, 이른바 신앙 공동체 구성원들인 신도들의 감탄을 몰아 올린 굿의 주재자인 연출가 무당은 굿이라는 서사의 중심에 있는 〈바리데기〉 이야기나 〈당금애기〉 이야기 같은 무속신화를 풀어나간다.

원초적인 굿의 과정은 고천제의적 고대 축제의 잔형으로 남아 지금도 사흘씩, 일주일씩 지속되기도 한다. 그런 긴 과정에는 자연스럽게 숨을 고르는 휴식과 오락이 끼이지 않을 수 없다. 그 숨고르기가 서사극의 구조적 기능일 것이다.

고대 종교적 기능을 유지하는 굿 구조의 현대판 예능인 극장예술로서의 경극이나 노와 마찬가지로 굿 구조 가운데도 숨 고르기의 서사극

브레히트, 서사극, 낯설게 하기 수법

적 기능이 단편적 파편으로 산재해 있고 그런 요소들을 현대예술적 안목으로 수집·집합·재배치하는 테크닉이 브레히트 서사극의 묘미일 수도 있다 할 것이다.

그래서 브레히트 서사극 이론을 확대하면 모든 연희적 요소들 전통적이나 현대적이거나 양의 동서를 막론하고 끌어들여 낯설게 하기 수법으로 무대 장면을 눈에 띄게, 두드러지게 하기 위해 가두 신(scene)의 교통사고 재현만이 아니라 서사극적 효과를 낼 수 있는 모든 요소들을 동원해낸다. 그렇게 하기 위해서는 예술의 각 장르가 총동원되기도 할 것이다. 말하자면 서사극이라는 연극 장르만의 가동이 아니라 음악, 미술에다 무용, 패션, 조명 기술, 서커스 곡예가 다 동원될 수 있고 영화 장면의 효과적 삽입, 현대적 영상 이미지들, 경기 시합과 탐정물 스파이 요소, 축제와 제의 형식마저 함께 융합하여 거대한 크리에이티브 프로듀싱을 통해 '통합문화적 지향점'을 향해 나아갈 수도 있다고 말해야 한다. 문화를 통합하는 힘으로서의 예술의 힘이 어쩌면 브레히트 서사극의 발원의 힘일는지도 모른다.

서사극 탐구 끝에 서사극을 브레히트는 정반합의 원리로 '변증법'이라고 불렀다. 그 말은 서사극이 연극 장르만의 문제가 아니라 예술 장르 전체의 정반합의 변증법으로 본 것이며 더 나아가 문화 전반의 통합적 의의마저 가늠한 것이 아니었을까.

브레히트는 연극의 서사적 형식이 재래의 희곡적 형식에 비하여 아주 대립적인 측면이 강하다는 것을 도식적으로, 또한 극단적인 대립 형식으로 대비하였다. 이 유명한 대조표는 1938년 처음 발표되고 계속 수정 보완되었다.

	연극의 서사적 형식	재래의 희곡적 형식
1	이야기식 설명	행동적 구현
2	관객을 관찰자가 되게 한다	관객을 무대의 행동 속으로 끌어들인다
3	관객의 활동력을 고무한다	그것을 소비시킨다
4	억지로라도 결정을 내리게 한다	여러 가지 감정의 병립 허용
5	세계상	체험
6	관객은 어떤 상황에 마주 선다	어떤 상태로 옮겨진다
7	논증	암시
8	인식으로 몰리는 관객	기분의 유지
9	관객은 대립해 있다	와중에 있다
10	체험을 연구한다	체험을 함께 한다
11	사람을 연구의 대상으로 삼는다	사람은 이미 알려져 있는 것이라는 전제가 있다
12	가변의, 또는 변하고 있는 사람	불변의 사람
13	과정에 대한 치열한 흥미	결말에 대한 흥미
14	장면마다의 독립	다른 장면을 위한 장면
15	몽타주	성장
16	사건의 곡선	선상
17	전개의 비약	필연성
18	과정으로서의 사람	고정된 사람
19	사회적 존재가 사고를 결정	사고가 존재를 결정
20	이성	감정

브레히트, 서사극, 낯설게 하기 수법

서사극, 즉 서사시적 연극은 드라마적 연극, 아리스토텔레스의『시학』에서 말하는 드라마·극적 양식이 가진 좁은 지평을 타파하고 연극에 새로운 가능성을 주기 위한 것이다. 드라마·극적 연극의 패턴은 이렇다. 완결되는 줄거리를 가지며 그 이야기는 극적 필연성에 의해 차례로 이어져 앞 장면의 사건은 뒤의 사건의 원인이 되어 결말에 대한 관객의 관심을 끌어당기며 진행된다. 관객들은 무대 위의 사건을 지금 일어나고 있는 현실의 사건처럼 착각하여 그 속에 휘말려 연극 속의 사건을 자기의 일로 체험하고 공감하고 마침내 카타르시스의 감정이입과 도취로 일체를 끝맺음한다. 연극은 끝나고 흥분도 어떤 비판도 남는 것이 없다.

서사극에서는 한 장면이 다음 장면에 이어지기 위하여 준비된다기보다 다소 장면 구성의 긴밀함이 느슨해진다 하더라도 장면 하나하나가 독립된 완결의 스토리를 갖는다. 여러 시각에서 잡힌 독립된 스토리가 융통성 있게 느슨하게 맺어져 전체적으로 짧은 시간에 단축된 종래의 연극보다 큰 시야를 연다. 그런 의미에서 '이야기체'를, 단순히 여러 장면들을 평면적으로 연결한, 극적으로 집중력이 없는 드라마라고 착각해서는 안 될 것이다. 장면 하나하나마다 압축된 내용을 가지고 있기 때문에 극단적으로 말하면 12장의 희곡이라고 한다면 열두 개의 희곡에 필적하는 내용을 담을 수 있는 것이다. 이런 연극에서는 전체적으로 보면 카타스트로피(catastrophe, 파국, 대단원)라거나 해결이 주어지지 않고 완결되지 않는 오픈(open) 형식으로 문제가 제기된다. 그것은 연극의 정화[배설] 작용 대신 비판적 자세를 유지시키기 위한 하나의 장치일 수도 있다.

브레히트가 '과학적'이라고 말할 때는 자연과학적이라기보다 사회과학을 의미한다. 더 나아가 그는 과학의 시대에 대응하는 연극, 독자적 과학의 추구를 바라는 이성의 연극, 변증법의 연극, 냉철한 객관적 정신의 각성과 인식과 비판의 예술로서의 연극을 꿈꾸었던 것이다.

그러한 브레히트가 세상을 떠난 지 50년이 되었다. 그 사이 그의 작품들은 고전(古典)으로 취급되고 그의 서사극과 낯설게 하기의 테크닉은 연극 세계의 보편적 이론, 더 심하게 말하면 시대에 뒤떨어진 진부한 이론이라는 발 빠른 견해도 있다. 브레히트는 정말 이제 고전의 세계에 머물고 그의 작품과 실제적 연극 작업은 진부한 것이 되어 더 이상 새로울 것이 없어졌는가.

1995년 연말에 브레히트의 〈아르투로 위의 막을 수 있었던 득세〉를 연출하여 브레히트와 함께 진부해진 그의 베를리너 앙상블 극단을 다시 활성화시킨 후 지난 2월 지병으로 숨을 거둔 극작가 하이너 밀러(Heiner Müller)는 왜 하필이면 브레히트 작품으로 그의 마지막 연극 작업을 대신하려 했을까. 그것은 아마도 변증법적 연극의 새로운 변모는 아니었을까.

브레히트의 비유극, 즉 히틀러와 그의 제3제국을 갱(gang) 집단으로 묘사하는 〈아르투로 위의 막을 수 있었던 득세〉는 이제 과거의 어두운 정치에서 벗어나 연극적인 재미로 관심을 끈다. 관객들은 무대에서 벌어진 상황에서 연극적 즐거움을 느끼면서도 한편 자신들이 잠재적 파시스트라는 사실을 눈치채게 되면 그것으로 됐다는 것이 밀러의 견해이다. 그러나 그것이야말로 일종의 도발이 아닐 수 없다(『하노버 알게마이너』지 J. 베켈만의 논평).

브레히트는 실제로 '고전'이 되었다. 그럴 수밖에 없는 것이 그가 속했던 체제의 붕괴, 공산주의 이데올로기의 해체는 더 이상 브레히트의 이데올로기와 그의 예술적 지향점을 검증할 시간적 여유를 제공하지 않는다. 그러나 뮐러의 브레히트 연극 상연과 그 성공은 이 고전적 작가의 존속에 대한 가능성을 우리의 시대와 함께 생각해보게 한다. 그의 죽음과 함께 고전이 되어가던 브레히트의 연극적 이념은 시대와 사조와 체제를 뛰어넘어 글자 그대로 '고전'이 되면서 우리가 사는 바로 이 시대와 마주해서 우리의 문제로서 '사회의식의 각성, 비판의 서사극'의 변증법적 연극화를 도모하는 것은 아닐까.

그런 의미에서 브레히트 이후, 포스트 브레히트의 작가들, 예를 들면 스위스의 막스 프리슈나 뒤렌마트, 독일의 페터 학스, 하이너 키프하르트, 그리고 영불(英佛) 쪽의 아다모프, 웨스커 등 많은 젊은 극작가들에게 브레히트의 영향은 지속되고 있다 할 것이다.

6. '브레히트의 아류'에 대한 비판

브레히트와 서사극은 하나의 사조가 되었다. 그것은 하나의 유파일 수도 있었다. 브레히트를 흉내 내는 아류 작가도 있고 브레히트의 생애 가운데 한 시기의 작품 형식이나 문체에만 관심을 갖는 경우도 있다. 그리하여 '브레히티렌'(brechtieren) — 브레히트식으로 보고 생각하고 꼬집고 도발하고 구성하고 쓰는 방식도 생겨났다.

앞서간 작가들의 정신적 유산을 정신적으로가 아니라 형식으로서만 차용하는 브레히트적인 수법을 브레히트에 대해서 감행하는 작가들도 없지 않은 것을 보면 그러한 브레히트 유산의 계승은 얼마든지 더 계속된다고 보아야 한다.

정치보다는 예술(연극), 그것도 서사극을 우선시했으며 교육과 오락이라는 기능 면에서도 교육보다 연극이라는 의미에서 서사극의 즐거움 쪽에 많은 비중을 둔 그의 변증법적 연극론은, 관객에게 연극을 보는 재미와 즐거움 속에서 변혁과 개혁의 인식을 심어줄 수 있다는 낙관론을 제시하는 것이다.

그 낙관론에 대한 모순의 제기와 그 극복이 포스트 브레히트, 곧 브레히트 이후의 연극적 과제라 할 것이다.

브레히트, 서사극, 낯설게 하기 수법

제3장

브레히트 민중극의 성격과 코스몰로지

: 〈주인 푼틸라와 머슴 마티〉, 곤드레와 난장

브레히트 '민중극'의 성격과 코스몰로지
: 〈주인 푼틸라와 머슴 마티〉, 곤드레와 난장

1. 도입 : '변경(邊境)의 어둠'을 대변하는 어릿광대

　브레히트 민중극은 그가 부제로 강조한 'Volksstück'이라는 원어의 번역 과정에서 몇 가지 혼란을 야기시킨다. 유독 〈주인 푼틸라와 머슴 마티(Herr Puntila und sein Knecht Matti)〉(이하 P/M 약자로 표시)에서만 '민중극'이라는 부제를 붙인 브레히트는 그 단서를 통해 P/M이 코메디아 델라르테식의 엎치락뒤치락, 내지는 즉흥극 형식의 놀이성을 부각시켜 문화기층이 지닌 대중성과 통속성을 강조한 것이다. 그런 점에서 보면 P/M은 민중극이라는 무게보다는 민속극 · 대중극 내지는 통속극 취향이라는 번역이 옳다.

　그러나 민중극 개념이 전승된 예능, 곧 전통적 행위예술 형식을 포괄하는 경우에는 이른바 퍼포밍 아트 이론에 내포된 사회성과 제의성이 보다 생생하게 살아 있고 문화기층의 생활감정이 축제 형식으로 녹

아 있다는 의미에서 인류문명의 고대 심상이나 사유의 흔적을 추출해
낼 수가 있다.

　고대 심상이나 사유를 우주창생과 천지창조에 대한 신화적 위계질
서 부여의 코스몰로지(宇宙論)로 간주하고 세속적 질서의 중압 끝에 다
시 신년, 혹은 계절의 고비마다 신성한 카오스를 재현하여 갱생과 쇄
신을 꿈꾸는 축제의 장을 마련한 신화 재현의 제의는 바로 민중적인
삶의 재현이며 공동체의 열광이며 동시에 그것은 도취의 현장이다.

　고대의 신화적 우주창생론은 제의적 · 종교적 전통사회의 믿음의 지
주였으며, 그것은 합리주의적 산업화 사회에서는 주변으로 내몰린 문
화기층적 빈(貧)의 문화이다. 그것은 전통적 · 향토적 · 민속적, 그리하
여 민중적 · 대중적 · 통속적 현상으로 치부된다.

　태초에 어둠의 카오스(혼돈)를 정복한 빛의 코스모스(질서)가 세계의
중심으로 군림하면서 세속이 신성을 지배하고 정치가 제의를, 합리주
의가 신비를, 문명이 전통을 압도하며 도시가 농촌보다 우위에 서면서
중심의 빛이 완전히 주변의 어둠을 추방하게 되었을 때, 변두리로 쫓
겨난 어둠이라는 비합리성은 여러 가면으로 빛의 중심 세계를 향해 귀
환과 복권의 칼을 갈게 되었다. 그 불 · 비합리의 세계는 반질서의 그
것이며 그런 점에서 불가해(不可解)한 괴기의 그것이며, 불가사의의 그
것이었다. 그것은 결정적으로 부도덕하고 반사회적이며 비일상적이
고, 그런 점에서 세속의 질서에 반대되는 난장판의 오르기(Orgie)이다.
무질서와 뒤죽박죽의 카오스, 곧 오르기는 축제의 핵심이다. 그 축제
의 날에 용납되는 넘치는 방일과 일탈, 가치 전도, 상하 도치, 성의 노

출을 육화시키는 놀이꾼, 연희자들은 빛과 질서를 웃는 혼돈의 어릿광대들이다. 축제의 날에 등장하는 광대들은 추방된 카오스, 그 '변경의 어둠'의 후예들이다. 그러므로 축제를 노는 그들에게는 고대 코스몰로지의 흔적이 남아 있다.

브레히트의 P/M이 '민중극'을 표방했을 때는 의식적이든 무의식적이든 거기에는 주변 세계로 밀려난 어둠의 흔적, 그 전통사회의 민중적 코스몰로지를 읽어 낼 여지가 있다고 봐야 할 것이다.

가장 이지적인 마르크스주의자로부터 가장 원초적이며 비이성적인 신화 세계의 파편을 읽어낸다는 것은 '역설적'이지만 어쩌면 브레히트는 무의식 가운데 한 시대가 지나가는, '비합리적 시대가 가고 이성의 시대가 다가오고 있다'는 예감 가운데 부당하게 주변으로 쫓겨났던 창조적 카오스로서 '민중'을 대입시켜 중심의 코스모스가 지닌 계급적·도덕적·정치적 허구성 대신에 새 시대의 주인으로 '민중=광대'를 상정했을 가능성도 있다. 그 주변의 광대를 중심의 핵심으로 탈바꿈시키는 가면의 연극으로서, 이른바 투쟁하는 민중, '민속적'이라는 개념에 투쟁의 의미를 부여한 '민중극'을 그는 상정했을지도 모를 일이다.[1]

하인(Jürgen Hein)의 정의에 의하면 "민중극(Volkstheater, Volksstück)은 제도(Institution)로서의 민중극과 의도(Intention)로서의 민중극으로 나누어

---

1   E. Schumacher, *Brecht-Theater und Gesellschaft im 20. Jahrhundert*, Berlin 1981, S.353.

진다."[2] 제도로서의 민중극은 연극의 생산과 공연, 관객의 수용과 관련된 개념으로서 지배계층이 아닌 일반대중을 위해 공연의 주제와 소재, 등장인물 등을 민중의 일상생활에서 선택하고, 배역은 대개 직업배우가 맡지만 때로는 아마추어가 맡기도 한다. 그것은 농촌(지방)과 도시(교외)극으로 나누어진다. 그에 비해 의도로서의 민중극은 민중생활을 무대에서 표현하되 어떤 내용을 어떤 방식으로, 어떤 극작술로 묘사할 것이냐 하는 작품 창작의 문제와 관련된다. 그런 경우 민중성 또는 민중과의 연대를 어떻게 해석하느냐에 따라 다양한 공연 형식이 전개된다.[3]

브레히트 민중극이 후자의 공연 형태를 취하고 있음은 말할 나위가 없다. 의도로서의 민중극 개념도 드러난 의도와 숨겨진 의도가 있을 것이다. 그것은 의식화된 것이거나 무의식의 상념일 수도 있다.

대체로 브레히트의 세계에 대해서는 그의 계산된 의식적 극작술로 인하여 합리적 리얼리즘을 표방하는 것이 일반적 경향이다. 그러나 작가의 의도가 모두 그렇게 이성적으로 표백되는 것이 아니라면 브레히트의 세계 속에도 그 의도 가운데 잠재된 의식이 있을 수 있다.

그런 점에서 우리는 축제론과 광대론(廣大論)을 통해 P/M의 민중적 코스몰로지에 접근하고자 한다. 이와 같은 방법론은 브레히트가 취하

---

2 Jürgen Hein, "Formen des Volkstheaters im 19. und 20. Jahrhundert", In: *Handbuch des deutschen Dramas*(hrsg. W. Hinck), Düsseldorf 1980, S.489.

3 정지창, 「Öden von Horváth의 민중극 연구」, 서울대학교 박사학위 논문, 1990, S.6ff. '독일민중극의 개념과 역사' 참조.

브레히트, 서사극, 낯설게 하기 수법

는 입장, 민속적 민중존재(das Volkstümlichsein)[4]만이 아니라 민속적 민중형성(das Volkstümlichwerden)까지 추구해나갔던 그의 사회주의 리얼리즘을 이면에서 접근해 들어가는 하나의 길을 열어줄 수도 있다.

2. 푼틸라의 주변성과 브레히트의 민중극론

1) 어릿광대의 쌍 · 짝 구조

P/M은 지주인 상전 대 머슴이라는 고용 운전수 사이의, 계급적 대립이 바야흐로 해소되기 직전의 어느 한 시기—계급 간의 투쟁은 가열차지만 바야흐로 미래의 여명이 동트는 현대의 어느 한 시기,[5]—핀란드의 목가적 자연을 배경으로 해서 엎치락뒤치락 줄거리가 전개된다.

주인공 푼틸라는 일종의 전 세기적 동물, 곧 토지 소유자이다. 프롤로그에서 소개되는 지주의 면모는 이렇게 묘사된다.

오늘 저녁 이 자리에 우리가 보여드리는 것은
일종의 전 세기적 동물인

---

4 B. Brecht, *Schrift zum Theater*, Bd. Ⅳ, Berlin und Weimar 1969, S.179–Schumacher, Brecht, S.354.

5 B. Brecht, *Gesammelte Werke in 20 Bänden*, Suhrkamp Verlag F/M. 1967, Bd. 4, S.1611

에스타티움 포세소어, 독일어로 지주라 불리는 사람입니다.

몹시 탐욕스럽고 쓸모없는 것으로 알려져 있는 이런 동물이 살

고 있으며

완강하게 버티고 있는 지역에서는

고약한 민원(民怨)의 대상이 됩니다.[6]

　지주라는 동물, 탐욕스런 무능력자 그리고 민원의 대상일 뿐인 푼틸라는 전형적인 세속인간이다. 주정뱅이인 그는 술에 취하면 사람이 달라져서 갖가지 인정미 넘치는 작태를 벌이지만, 일단 술이 깨면 약삭빠르고 거만하며 음흉하고 손익 계산에 빠른 지주로 탈바꿈하는 일종의 이중인격자, 분열적 인간인 것이다.

　그의 상대역인 고용 운전수 마티는 상전 푼틸라의 본성을 잘 알고 있기 때문에 정신적 우위에 있다는 사실을 간과할 수 없고, 그것은 관객이 민중의 입장에서 민중의 가장 진보적인 부분을 대변하고 있는 마티의 시각에서 푼틸라를 '전 시대의 짐승'쯤으로 비판할 수 있는 근거를 마련하고 있음도 사실이다.[7] 마티는 머슴으로서 주인인 상전에 대한 신분상의 절도를 끝내 지켜나간다. 주정뱅이 푼틸라가 곤드레만드레가 되어 의논 상대로 삼을 만큼 사람됨을 믿게 만드는 마티라는 머슴은, 그러나 때로는 사윗감으로 점찍히기도 하면서 언제나 냉철하고

6　Ebenda

7　송동준, 「브레히트의 희극 '주인 푼틸라와 그의 종 마티'」, 『강두식 교수 회갑 기념논총』, 일조각, 1985, S.361.

빈틈을 보이지 않기 때문에 맑은 정신의 푼틸라는 그를 경계하여 '빨갱이'로 몰기도 하는 것이다.

이 둘은 엎치락뒤치락의 파르스(笑劇) 같은 희극적 연행 양식에서 낯익은 어릿광대의 페어(pair, 짝) 구조 방식을 차용[8]한다. 단순한 레벨에서는 그 짝의 한쪽은 보통 교활한 악당이고, 또 한쪽은 바보 멍청이로서 아이덴티티의 혼란, 상식과 난센스의 혼란, 평범한 현실과 그 속에 숨어 있는 예기치 못한 무한한 힘과의 얽힘에서 오는 혼란 등 그 페어의 역할은 어지럽게 교환된다.

'짝'의 역할 배분과 줄거리 진행 과정을 제의가 연극으로 전환된 갈등 대립의 현상으로 보고, 풍요 계절제의적 잔존 형식으로 해석하며, 늙고 힘없는 남녀 상과 젊고 힘 있는 남녀 상으로 구분, 겨울과 여름의 상징표상 내지는 지배계층과 민중의식의 대두로 해석하는 경우[9]에도 그 대립적 인물상들을 진지한 상황의 설정에 투영된 영웅상으로 간주하기보다 어릿광대의 파르스적 인물상의 제시로 보는 것이 보다 자연스러운 민중극의 감상 접근 방식이다.

민중극, 다시 말하여 민속적 · 대중적 · 통속적 연희 형식은 자연스런 연원을 갖는 것으로 봐야 할 것이다. 봄과 가을, 여름과 겨울이 의인화된 노약자와 젊은이, 약자와 강자의 대비는 푼틸라와 마티의 현대적 의상을 벗기고 나면 신화적 · 원초적 한 쌍(primordial pair)으로 드러

---

8   A. Watt, *The Two Hands of God*, N.Y. 1963, S.49.
9   조동일, 『탈춤의 역사와 원리』, 홍성사, 1981, 253쪽.

나게 되고 모든 사물의 근원에 존재하며 때로는 상보관계로, 때로는 적대관계로 맞서지만 그 기원은 일란성 쌍둥이에서 유래하는 것[10]이며 예술 형태로서는 상하관계의 주인과 머슴 형식의 분신 역할로 나누어진다.[11]

민속극이나 통속극 등의 민중극에 나오는 어릿광대들은 대개 상하관계의 짝·쌍으로 성립되고 그 역할이 서로 교환된다고 할 수 있으며, 그런 의미에서 그 둘은 같은 뿌리에서 나온 동근 이체의 이중구조 형식을 드러낸다.

우리가 유의해야 할 점은 푼틸라가 지주인 상층이며, 마티는 고용 운전수인 머슴으로서 하층을 대변한다고 봐버리는, 너무 근시안적인 평가의 적용이다. 그들은 다 같이 어릿광대라는 의미에서 신화적 카오스의 쌍둥이들이며 다 같이 신성한 어둠과 혼란의 아들들인 것이다.

물론 P/M에서는 브레히트에 의한 계급적 차이가 푼틸라와 마티에게 배분되어 있고 마티 또한 계급의식이 뚜렷하지만 그가 술주정뱅이 상전에게서 "거의 하나의 인간"[12]을 느끼게 되는 자기의 약점을 견디지 못하여 푼틸라 집안의 운전수 근무를 팽개치게 된다는 설정은 근거가 있는 것이다. 요령 있는 처신이 몸에 배어 있고 유머와 신랄한 사타이어(satire, 풍자)로 상전을 다루어 나가는 마티는 브레히트가 즐겨 그

---

10 A. Watt, Ebenda.

11 그런 예는 『춘향전』의 방자, 『심청전』의 뺑덕어미, 『파우스트』의 메피스토펠레스 등으로 형상화된다.

12 Bd. 4, S.1709.

브레히트, 서사극, 낯설게 하기 수법

리는 '교활한 민중의 모습'을 그대로 지니고 있다. 그는 상전 푼틸라가 고주망태가 되어 베풀어주는 정이 자기 자신의 파멸과 맺어질 수 있다는 사실을 삶의 지혜로 깨닫고 있는 것이다.

> 어른께서 어젯밤 엉망으로 취하셔서 마침내 동틀 무렵에는 가지고 있는 산림의 반을 내 이름으로 넘겨주고, 그것도 증인을 부르겠다고 약속하셨어. 주인께서 술에서 깨어나 그 말을 듣게 되면 이번에는 진짜 경찰서 신세를 지게 될걸.[13]

"P/M은 결코 경향극이 아니다"[14]라고 브레히트 자신이 해명하고 있는 까닭은 푼틸라의 역할이 어느 순간 어떤 특징에서도 자연스런 매력을 벗어던져서는 안 된다고 규정 짓고 있음에서 분명하다. 주정 장면을 시적으로 부드럽게 가능한 대로 변화를 주어서, 그리고 술이 깬 상태의 장면도 가능한 대로 그로테스크하지 않게, 조야하지 않게 가져가려면 특별한 기술이 필요할 것[15]이라고 주해까지 붙인 브레히트의 의도는 "새로운 민중극을 위해서는 새로운 사실적인 기법에 대한 요망(der Ruf nach einer neuen realistischen Kunst)"[16]이 필요하다는 브레히트식의 당위성을 강조한 것이다.

---

13 Ebenda, S.1708(12場)
14 Bd. 3, S.1168.
15 Ebenda, S.1168.
16 Ebenda, S.1169.

2) 새 민중극의 신화적 편린

그러면 '새로운 민중극'이란 무엇을 말하는가? 민속·통속극이 오랜 세월 동안 천시되고 호사가들이나 쟁이들의 연극으로 버림받아왔으므로(브레히트의 견해에 의하면) 새로운 민속·통속극, 이름하여 민중극은 "보다 서사적인 실질(mehr epische Substanz)을 제공하고 보다 사실적(realistischer)이어야 할 것"[17]이라는 것으로, 전래된 민속·통속극과의 구별이 시도된다. 새로운 민속·통속극, 이른바 의식적인 민중극을 위하여 브레히트가 보는 전승된 연희물들은 "감상적인 것들이 뒤섞인 난잡한 농지거리, 싸구려 교훈이나 값싼 외설, 악한은 처벌되고 착한 사람은 짝을 얻으며 부지런한 사람은 유산을 받고 게으름뱅이는 부러워한다"[18]는 것이 정형화되어 있다.

P/M에서도 에로스, 알코올, 가족싸움이 큰 몫을 하며 쌍스런 욕지거리, 술주정 등 연극 전체에 거친 활력이 넘치고 우악스러운 원초적 성격이 부여되어 있음[19]은 주지의 사실이다.

그런 민속·통속극이 리뷰 형식으로 그 문학적 양식이 개선되어 나갔다 하더라도 브레히트 당대까지 달라진 것이라고는 약간의 시정(詩情)이 첨가된 것, 그 대신 전승된 민속적 통속극이 지닌 소박함은 없어

---

17 Ebenda, S.1163.
18 Bd. 3, S.1162.
19 J. Hermand, "Brecht", in: *Die deutsche Komödie von Mittelalter bis zur Gegenwart*(hrsg. W.Hinck) Dusseldorf 1977, S.290.

지고 감상적·낭만적 경향만 더해지고 있다. "극중 상황은 그로테스크하고 인물의 성격 따위는 도대체 있지도 않고 역할도 거의 없다. 지루한 이야기, 곧 줄거리와 하나가 된 단조로움이 쓰레기로 버려져 있다. 왜냐하면 이런 새로운 작품들은 이야기를, 곧 한 줄의 '빨간 실'을 거의 갖지 못했기 때문이다"[20]라고 핀잔하는 브레히트는 '새로운 민중극'이라는 이름으로 종래의 교양적 연극, 고급 예술로서의 연극이 경원하고 배척하며 경멸했던 예능적인 굿판, 혹은 시장판의 코메디아 델 라르테식 요소들을 연극의 재미를 위해 많이 수용한다. 그렇다고 그의 민중극은 수준을 낮춘 연극이 아니다. '교활한 민중의 지혜'에서 알 수 있듯이 결코 단순·유치한 것만은 아닌 민중은 복잡한 사상을 간결하게 표현할 줄 아는 기술을 지니고 있는 것이다. 단순한 광대놀이 같은 에피소드에서도 복잡한 사회적 모순이 포착되는 것을 보아서도 알 수 있는 것이지만, 이 단순·간결함을 하나의 예술 양식으로 더 높이는 것도 브레히트 민중극의 목표인 것이다.

민중극에 예술 양식을 부여하려는 브레히트는 "산문으로 쓰이고 보통 사람을 그려내는 대본에서 유치함이 아니라 예술적인 단순함을 거론하기는 쉽지 않다"라고 솔직히 고백한다.

사건 진행의 아름다움(다시 말하거니와 아름다움의 크고 작은 정도를 불문하고)이 무대미술에서, 움직임에서, 말의 표현에서 유효하

---

20 Bd. 3, S.1168.

게 쓰여야 한다.[21]

라고 했을 때 브레히트는 민중극의 양식미의 재고를 의도하고 있는 것이다.

그는 편파적인 자연주의를 배척했지만 반드시 자연주의를 멀리하는 것은 아니다. 과장된 정감이나 스테레오 타입 형식은 거부했지만 연기자의 기량이 특히 줄거리와 결합할 때 그는 자연주의를 존중한다. 그는 고전적·양식적 고상한 연기와, 자연주의적·사실적, 있는 그대로의 연기를 구분하면서 그 양자의 약점을 종합한 것이 현재(브레히트 당시)의 연기술이라고 비판한다.[22] 그는 양자의 야합이 아니라 참다운 종합을 겨냥한다. 리얼한 묘사법을 바탕에 깔면서 좁은 자연 모색의 단계에 머물지 않고 일종의 양식이나 품격을 부여하겠다는 것이 새로운 민중극에 대한 브레히트의 궁극적 목표이다. 그 양식을 위하여 그는 기량적·시적 조치가 필요했던 것이며 그것을 브레히트는 코메디아 델라르테의 여러 요소와 리얼리스틱한 풍속극의 여러 요소를 구비한 양식이라고 설명하고 있다.

그의 새로운 민중극, 곧 통속극의 리얼리즘은 진부하고 일상적인 트리비얼리즘이 아니고 작품 줄거리의 명확성을 기하기 위하여 세밀한 디테일 묘사를 서슴지 않는 대신, 딸이 아버지로부터 술병을 거두어낼

---

21 Bd. 3, S.1168.
22 Bd. 3, S.1164f.

브레히트, 서사극, 낯설게 하기 수법

때 아버지 푼틸라에게 리어 왕 같은 고전적 양식을 부여하기도 한다.

그러나 이런 예술 양식 문제 이전에 브레히트가 민중극이 지녔던, 그러나 이제 거의 잊어버리고 있는 민중적 세계의 축제적 코스몰로지에 유념했는가는 의문이다. 그가 의도적으로 민중극의 코스몰로지를 외면했다 하더라도 우리는 그가 '민중극'이라는 부제를 붙여 강조한 작품의 주인공에게서 민중극적·축제적 코스몰로지를 읽어내고 그런 광대적 요소에 조명을 비추어 작품 해석과 수용의 지평을 넓히는 작업도 소홀히 해서는 안 될 것이다.

그런 측면에서 보면 '푼틸라'라는, 어쩌면 가장 비합리적인 세계로서 우주 해석의 원리를 가장 합리적인 마르크스주의자의 유물론적 세계관으로 정화시킨 브레히트의 정신 속에도 잠재적으로 비합리적인 신화 세계의 편린이 푼틸라라는 인물을 통해 용해되고 있음을 알 수 있는 것이다.

3. 축제와 광대: 푼틸라의 어릿광대론

1) 민중 이데올로기의 어릿광대 대입론

앞서 푼틸라와 마티의 쌍·짝 구도가 원초적 상호 보완관계임을 언급하면서 그 구도가 상하관계라기보다 그들이 신화적 카오스의 쌍둥이임을 강조한 까닭은 빛과 질서에 대한 어둠과 혼돈이 일종의 불구성을 상징하며, 그 불구의 어릿광대는 현실적으로 어느 한구석이 모자라는 존재이면서 그 자체가 신성을 증명하는 부정의 존재임을 강조하기 위한 수사학이었다. 그렇다면 육체적 불구만이 아니라 정신적 불구 또한 어릿광대의 역할과 기능을 담당하는 것으로 간주된다 할 것이다.

신성에 대한 세속의 모습, 진지함에 대한 웃음과 가벼움, 그리고 눌림과 더러움과 반질서의 카오스를 대변하는 어릿광대는 경직된 민중 이데올로기의 푼틸라나 마티를 어릿광대 푼틸라와 마티로 대입시킴으로써 이데올로기의 경직성과 일면성, 그 독선의 유형을 극복하게 된다. 권력이나 지식의 대변자를 놀이에 대입시켜 그들을 웃음의 대상으로 만듦으로써 현실을 극복해나갔던 민속·통속연희의 민중극의 주인공 푼틸라의 상투적 수법이 마티와 더불어 이미 그들이 어릿광대임을 증명하고 있다.

광대 푼틸라는 지배하는 지주 푼틸라가 아니라 주정뱅이의 불구성으로 놀림받고 웃기는 어릿광대이며, 그는 웃김으로써 우주의 주름을 펴게 한다. 지배하는 푼틸라는 현실적 가치 체계를 왜소화시켜서 보여주는 불구의 어릿광대 푼틸라로 전화된다.

어릿광대를 나타내는 서커스의 클라운, 풀 액터, 조커, 제스터, 트릭스터 등등이 발전하여 복합적인 의미를 갖게 되는 경우[23]에는 바보·백치의 짓거리에서부터 그런 짓거리의 역설적 표현인 설화, 민속문학의

---

23 W. Willeford, *The Fool and His Scepter*, Northwestern Univ. Press 1969, 導入部 참조.

브레히트, 서사극, 낯설게 하기 수법

파토스, 해학담 그리고 민속극의 어릿광대 짓거리가 발전 · 전개된다.

어릿광대 푼틸라는 단순한 지배자도 아니고 또한 단순한 장난꾸러기도 아니다. 이 술주정뱅이는 클라운이고 트릭스터이며 허풍쟁이, 거짓말쟁이, 익살꾼이다. 창조자이자 파괴자, 뺏는 자이면서 주는 자, 남을 속이면서 스스로 속는다. 그는 의식적으로 아무 것도 바라지 않으면서 억누를 수 없는 충동으로 끊임없이 움직인다. 그는 선악을 판별할 수도 없고 그렇다고 책임이 면제되는 것도 아니다. 그런 어릿광대의 성격을 두고 라댕(P. Radin)은 이렇게 말한다.

도덕적 · 사회적 가치를 지니지 않고 정염과 탐욕에 지배되는 그는 그런 행동을 통해 모든 가치를 만들어낸다.[24]

어릿광대에의 모멸 가운데는 반작용으로서 어릿광대의 풍자와 비판에 대한 공포가 고대 주술심성의 잠재적 · 우주론적 그림자를 드리운다. 바보, 천치, 불구, 노인 등 사회적 상식선상에서 벗어나는 낯선, 혹은 두드러진 족속은 사회적 기능으로서의 경고의 의미를 지닌다. 그러므로 어릿광대에 의하여 표출되는 낯선, 그리고 두드러진 사상은 그 자체로서 무서움의 대상이며 마침내 외경의 대상이 된다.

상전 푼틸라가 맑은 정신일 때와 곤드레만드레가 된 상태에서 드러

---

24 P. Radin, K. Kerényi, C.G. Jung, *The Trickster, A Study in American*, Indian Mythology, London 1956, S.7.

내는 분열증적·이중인격적인 변신 상태 가운데서 주정 상태가 오히려 연극적 줄거리를 이끌어나간다는 점에서 우리는 빛과 질서의 양성적(陽性的) 반응보다 어둠과 혼돈의 음성적 반응에 비중이 실려 있다는 사실을 짐작할 수 있다. 이 음성적 경향은 중심에서 추방된 변경(변두리·주변성)의 사상을 대변한다. 그것은 비합리적 성향을 육화시킨 것이며 이 비합리성의 육화는 바로 신화적 세계의 코스몰로지에서 신화를 신화답게 윤색하는 기본적 요소이다.

모든 것이 가능해지는 신화적 세계에서는 합리적·논리적 체계보다 비합리적·초논리적 사건진행이 허용되기 때문에 푼틸라의 주정 상태라는, 시공을 무화시킨다(vernichten)는 신화적 상황이 가능해진다. 따라서 이 신화적 세계의 재현을 통해 푼틸라는 신화적 코스몰로지의 비합리적·초논리적 체계를 재현할 수 있는 것이다.

2) 카오스로서의 주정

P/M은 현대적인 상황 설정으로 이루어져 있고 인물들의 성격이나 행위 또한 현대적이다. 푼틸라 자신만 하더라도 그가 맑은 정신일 때는 가장 이악스런 현대적 속물임에 틀림없다. 그러나 푼틸라가 주정 상태에 빠질 때 그는 약고 음흉스런 지주의 계급에서 가장 자연스럽고 축제적 광대로 돌아온다.

'푼틸라가 한 인간을 찾아내다'라는 1장에서부터 우리는 그가 주정 상태에서 가장 인간다워진다는 사실을 암시받는다. 이틀 동안 곤드레가 되었던 푼틸라는 깨어나자마자 술, 음식, 육체, 욕지거리 등으로 질서나 정신과 반대되는 질펀한 카오스 상태를 체현한다.

푼틸라 (판사에게) 깨어나, 이 쫌생이 같으니라구. 나를 혼자 내버려두다니! 쐬주 몇 병에 손을 들어? 왜 그래. 냄새 좀 맡고서. 내가 애써 쐬주 바다로 데려가겠다는데 자네는 보트 속에 웅크리고 앉아 배 밖은 쳐다보지도 않는군. 창피하지도 않냐. 이봐, 나는 이렇게 헤엄쳐 간다구. (흉내를 낸다) 쐬주 바다를 건넌단 말이야. 그래도 빠져 죽지는 않는다구.[25]

곤드레가 되었을 때라야 비로소 아랫것들의 목소리에서 '인간적인 울림'을 듣는 푼틸라는 어쩌면 주정 상태가 정상 상태이며 비정상 상태가 맑은 정신일 때이다. "일꾼들에게 비프스테이크만 먹이고 싶어. 그들도 같은 인간이야. 나처럼 좋은 고기 먹고 싶겠지. 암, 그렇게 먹여야지."[26] 하는 당위성의 세계에 대한 그의 인식은 주정의 세계에서 나온다. 맑은 정신, 정상적 상태의 푼틸라가 돈 이야기하는 것을 천하다 하고 역설적으로 왜 천해서는 안 되는가 반문[27]하면서 "우리가 자유로운 인간인 한에서 우리는 우리가 원하는 것을 할 수 있다. 그런데 지

---

25 Bd. 4, S.1613.
26 Bd. 4, S.1614.
27 Bd. 4, S.1618.

금은 우리는 천하기만을 바란다"²⁸라고 말한다면 이 말장난에는 스스로 하층으로 내려가기를 원하는 민중의 배짱 있는 의지가 숨어 있는 것이다.

그런 점에서 보면 푼틸라는 근본적으로 문화기층의 출신이며 욕망과 자연의 아들로서 대지, 건강, 반질서의 대변자인 것이다. 그가 비록 맑은 정신으로 지주라는 지배계급에 속해 있다 하더라도 그는 주정의 세계에서 원초의 세계, 신화의 세계로 돌아가 그의 본모습을 드러낸다.

푼틸라는 즐겨 하층사람들과 함께 백엽나무를 자르고 밭에서 돌을 파내고 트랙터를 조종하고 싶어한다. 그러나 주위에서 그것을 용납하지 않는다. 처음부터 딱딱한 것으로 목이 조여진 푼틸라.

> "아빠가 밭일을 한다는 건 어울리지 않아요. 아빠가 하녀들 옆구리를 간지럼 태우는 건 어울리지 않아요. 아빠가 일꾼들과 함께 커피를 마시는 건 어울리지 않아요" 라구! 그러나 지금 보면 그어울리지 않는다는 게 나에겐 딱 맞는 거라구.²⁹

푼틸라는 술에 취했을 때 해방된다. 술에 취해 광대가 될 때 그는 해방되고 해방된 푼틸라에게 펼쳐지는 것은 축제의 시공이다. 그 광대와 축제의 시공은 창조적 카오스의 세계 그리고 빛과 질서로 위축된 합리

---

28 Ebenda.
29 Bd. 4, S.1618.

브레히트, 서사극, 낯설게 하기 수법

성의 세계에서 벗어난─어둠과 무질서로 점철된 광활한 원초로 돌아간, 본능과 건강과 대지의 우주인 것이다.

4. 푼틸라의 카니발 세계와 코스몰로지

1) 신화 세계의 카니발 형식

그런 신화적 세계는 카니발 형식으로 재현된다. 카니발 형식의 주체는 민중이다. 혹은 문화기층이라는 표현이 적절할는지도 모른다.

태초의 풍요제의가 천지창조 개벽신화를 공식화한, 그러면서 마침내 모든 현존하는 세계질서의 안정성·불변성·영원성을 확인함으로써 축제의 자유를 이그러트리게 되었을 때 그런 공식의 축제에 대립하면서 현존 사회기구의 질서에서 해방되고 진리, 위계질서, 규범, 터부의 잠정적 파기를 축하하는 카니발은 어쩌면 고대 풍요제의 웃음의 의식에 의해 미리 마련되어 있던 또 다른 하나의 해방과 자유의 길이었던 것이다.

축제의 우주론에 의하면 태초에 어둠과 혼돈이 있었고 거기에서 빛과 질서가 잉태된다. 빛과 질서의 통제 아래 지속되는 세속적 일상생활의 중압에 시달리다 보면 다시 한번 창조적 카오스의 모태 속에서 생명의 충전을 기약하는 본능적 충동이 인다.

신화는 그것을 제의의 형식으로 해방시키는 장치를 갖고 있다. 신년

제, 계절제, 월력제 등을 통해 제의의 상관물로서의 신화는 태초의 사건을 재현시킨다. 어둠과 빛, 혼돈과 질서의 대립과 갈등 그리고 재수렴되는 빛과 질서의 승리로 다시 한 번 어둠과 혼돈은 멀리 추방되고 빛과 질서는 새로운 생명으로 탄생하며 세속적 일상생활은 이 제의를 통해 불양되면서 정화되고 재충전되어 활력을 되찾는다. 어둠과 혼돈의 인공적인 재현, 그 난장판 조성에 이바지하는 어릿광대의 코스몰로지들은 이른바 민중극, 곧 통속극 · 민속극 · 대중극으로 전승된, 세시행사에 잔존형식으로 남은 고대 제의의 단편들인 것이다.

현존하는 기구를 성스러운 것으로 재가하고 그 기구를 강화시키는 경향을 지닌 공식적인 축제에 반하여, 카니발은 넓게 세상을 지배하는 진리와 현존 사회기구에서의 일시적 해방이나 위계질서, 인간관계, 특권, 규범, 터부 등의 잠정적 폐기를 축하한다. 공식 축제가 불평등을 신성화시킨 반면 카니발에서는 일체가 평등으로 간주된다. 소외가 잠정적으로 소멸되고 카니발 광장에서는 일상생활에서는 불가능한 특수한 교류의 형태가 이루어진다. 말하자면 광장의 언어, 광장의 짓거리라는 특수한 형식이 생겨났는데, 그것들은 일상의(카니발 외의) 의례나 작법의 규범에서 자유롭다.

웃음을 주축으로 한 카니발의 역사적 발전 단계에서 특이한 카니발적 형식과 상징의 언어, 민중의 단일하면서 복잡한 카니발의 세계감각을 표현해 낼 수 있는, 아주 풍부한 언어가 이루어져 나왔다. 이런 세계감각은 모든 기성의 완성된 것에 대한 반대−부동성, 영원성에 대해 적대하는 이런 속성은 중심의 사상에 대항하는 변두리 · 주변성의 회

브레히트, 서사극, 낯설게 하기 수법

귀와 상관이 있는 것이다.

주변으로 밀려나 있던 이단의 귀환은 부드럽고 변하기 쉬운 가변의 유희적 형식을 요구한다. 카니발의 언어(그 모든 형식·상징)에는 변화, 교체, 쇄신의 파토스(pathos)가 넘치고 진리나 권위도 가소로운 상대성으로 인식된다. 전도─상하나 표양 등 뒤집힘과 역리의 끊임없는 변전의 논리는 여러 형식의 풍자, 역설, 그리고 어릿광대의 신성모독, 즉 일상생활의 패러디화로서 뒤집힌 세계를 보여 준다.

2) 웃음과 카니발의 언어: 그로테스크 리얼리즘

축제와 카니발은 전 민중적 웃음이 특징적이다. 그 보편적인 웃음은 그 즐거운 상대성으로 전 세계를 느끼고 이해하게 하며 그 웃음은 양면적 가치를 지녀서 즐겁게 날뛰게도 하지만 동시에 조소하고 웃음으로 소멸시킨다. 부정하고 확인하고 매장하고 재생시키는 것이 축제와 카니발의 웃음이다.

축제에서 나타내는 이러한 웃음의 특수한 세계관적·유토피아적 성격에는 고대의 웃음의 제의, 카오스의 제의에서 보여주었던 신들에 대한 조소, 빛과 질서에 대한 어둠과 혼돈의 조소가 살아 있는 것이다.

민중의 웃음이 지닌 무례하고 거친 (광장)언어의 특수한 현상 가운데 하나가 자유롭고 해방된 (광장의)접촉·교류라고 하면, 우선적으로 말로써 하는 커뮤니케이션 형태는 '너나들이'로 바뀌며, 별명이 쓰이고, 욕지거리가 애정 있는 표시가 되고, 서로의 조소도 가능해진다. 그리고 어깨를 두드리거나 배를 두드리고 트림으로 만족을 표시한다. 언어나 태도의 규제와 금지가 약화되는 것이다.

욕지거리는 무례한 광장의 언어의 한 특징이다. 기원적으로 욕지거리는 주로 주술적 성격을 지닌다. 고대의 웃음의 제의에서 필수적인 구성요소가 되었던 신에 대한 욕설, 외설스럽게 지껄이면서 양가적으로 창피를 주고 부끄럽게 하고 못 견디게 하고 압살하면서 동시에 소생시키고 쇄신시킨다. 그런 욕설은 조롱하는 언표로서 짧은 것, 긴 것, 복잡한 문맥을 이루며 문법적으로나 의미론적으로도 고립되어 있다. 그러나 수수께끼처럼 총체로서는 완결된 것으로 수용된다.

욕지거리와 비슷한 것으로 신의 이름을 빌린 욕과 저주도 있다. 이런 표현도 욕지거리와 마찬가지 원리인 고립성·자기완결성·고유성은 지닌 특수한 언어 장르이다. 웃음과 결부되어 있지 않던 이런 욕지거리 표현들이 공식적인 세계 규범을 파괴하는 것으로 간주된 다음 그런 표현이 무례하고 거칠 것 없는 광장의 언어의 자유로운 영역으로 옮겨와 다른 무례하고 거친 표현 방식과 함께 널리 웃음의 어조로 세계를 쇄신시키는 카오스의 난장을 형성하게 된다.

민중극이 지닌 거친 표현법은 따라서 기원적으로 제의와 관련되어 있고 제의의 상관물인 신화적 서술에서 신성모독을 통한 신성 쇄신으로 작용했던 것이다. 이런 민중극의 난폭성과 병행하는 것이 삶의 물질적·육체적 원리, 곧 육체 자체의 이미지—먹고 마시는 것, 배설, 성생활의 이미지 등이 압도적 역할을 수행한다. 그것은 이른바 '육체의 복권'이다.

이 육체적·물질적 영역에서는 먹고 마시는 폭식, 주정, 배설, 소화, 섹스 등이 생식기관, 배, 궁둥이의 아랫기관과, 얼굴 등 윗기관과 대비되면서 상하의 절대적 포토그래픽컬한 의미구조를 형성한다.

푼틸라에서는 주로 육체적·물질적 영역이 먹는 것, 그것도 술의 주정형식으로 나타나며, 성의 남용이 뚜렷한 징후를 드러낸다. '약혼녀동맹'을 형성하게끔 닥치는 대로 여자들과 인연을 맺는 그가 3장에서 '아침이 이른 여자들'과 약혼하는 광경을 예로 들자.

푼틸라 (약국 아가씨에게) 술은 얻었는데 색시가 없네. 당신은 술을 잃고 남자도 없지. 아름다운 약국 아가씨. 나는 당신과 약혼하고 싶어.
(젖 짜는 아가씨에게) 그런데 나는 제재소도 가지고 있지만 마누라가 없다구. 귀염둥이야. 그럴 마음 없니? 자, 반지, 그리고 이 병의 술 한잔 받으라구. 그러면 만사 질서에 따라 합법적이거든. 내주 일요일 푼틸라네로 와라. 약속했다.
(교환양에게) 지금이야말로 팔자를 고칠 때라구. 빨리 일을 진행시켜야 해. 지금 곧 본청에 전보를 치라구. 람미 마을의 푼틸라와 결혼한다구 말야. 자, 반지, 그리고 술이다. 그러면 만사 합법적이라니까.
(암시장의 엘마에게) 아줌마. 당신도 들었겠지. 내가 약혼하며 다닌다는 걸. 당신도 자리를 채워주시우.[30]

---

30 Bd. 4, S.1626 ff.

약혼의 남용은 바로 섹스의 남용과 다를 바 없다. 그런 성의 남용은 카니발 세계의 가장 분명한 특징으로서 대체로 성적 상징물의 과장된 전시로 나타나거나, 외설스런 말의 성찬인 경우가 허다하다. 그러나 대사의 외설 이전에 성적 상징물의 전시가 있고 성적 충동의 행위가 있다. '아침이 이른 여자들'에서는 분명히 성적 충동의 행위가 약혼 형식으로 나타난다.

카니발 세계에서 강조되는 육체의 부위는 외부 세계로 열린 곳, 즉 세계가 육체 속으로 들어오고 세계가 육체 속에서 밖으로 도출하거나 육체 자신이 세계로 돌출하는 곳, 즉 구멍, 돌기, 가지가 나뉘는 것, 뿔 등으로 크게 벌린 입, 생식기, 유방, 남근, 똥배, 코 등이 이를 대변한다. 이 육체는 성장하며 자기 한계를 넘어가는 원리로서 성교, 임신, 출산, 임종의 고통, 먹고 마시기, 배변 같은 행위를 통해서만 자기의 본질을 밝히는 것이다.

육체는 격하·하강 등으로 일체를 먹어 삼키며 동시에 생성원리로서의 대지와 하나가 된다. 격하·하강·추락시키며 매장하고 동시에 씨를 뿌리는 행위, 그리고 죽이는 것이지만 그것은 새롭게, 보다 좋게, 보다 크게 낳기 위한 것이다. 하강이 새로운 탄생을 위해 육체의 무덤을 판다는 것은 파괴적·부정적 의미만이 아니라 적극적·재생적 의미를 갖는 것이다. 격하·하강은 양가적인 것으로 부정이지만 동시에 긍정이다. 생성력을 지닌 하층에의 하강은 수태와 새로운 탄생, 풍요한 성장의 자궁 속으로의 투입이다.

이러한 물질적·육체적 원리에 바탕을 둔 이미지는 민중의 웃음의

브레히트, 서사극, 낯설게 하기 수법

문화에 대한 계승이며, 이것은 보다 포괄적으로 말하면 삶에 대한 독특한 미적 개념의 승계와 확대이며 심화인 것이다. 이러한 미적 개념을 미하일 바흐친(Mikhail Mikhailovich Bakhtin)의 명명대로 '그로테스크 리얼리즘'[31]이라 한다면 그로테스크 리얼리즘의 물질적 · 육체적 원리는 전 민중적 · 축제적 · 유토피아적 관조 속에 드러난다. 그것은 더 거슬러 올라가면 신화적 · 우주론적 구조 속에 그리고 시대가 내려오면 세시풍습 · 연중행사 속에, 민속적 연행 속에, 그리고 광장과 시장의 대중적 · 통속적 연행 속에 살아 있는 즐거운 총체로 부상한다.

하층이라기보다 문화기층이라고 규정되어야 할 이 육체의 개념은 우주적이며 전 민중적 성격이기 때문에 그것은 좁은 의미의 육체나 피지올로지가 아닌 민중, 끊임없이 자기를 발전시키고 영원히 성장하며 쇄신되어가는 민중이다. 그렇게 되어가는 까닭은 육체적인 것이야말로 그렇게 위대해지며 과장되며 거대해지기 때문이다. 이 적극적 · 긍정적 성격은 바로 대지의 넘치는 풍요, 성장과 직결되면서 일상의 관습적 생활을 깨뜨리는 축제의, 잔치의, 열광의 원리가 되고 마침내 육체의 거대한 힘은 전 세계를 위한 향연이 되는 것이다.

---

31 M. ベフチン/川端 譯, 『ラブレーの 作品と 中世ルネッサンスの 民衆文化』, 東京 1980, S.15.

5. 푼틸라의 주정: 카오스의 재현과 변경 사상

1) 제의적 난장의 재현

따라서 브레히트가 '민중극'이라는 부제를 단 P/M도 그것이 민속극·대중극·통속극의 요소를 잠재적으로 수용하고 있다면 그 작품 속에 제의적·신화적 파편들이 침전되어 있고 동시에 그런 것들이 현대적으로 재현되었다고 할 수 있을 것이다. 말하자면 푼틸라가 주정 상태로 빠져드는 가운데 그는 신화적·제의적 변신을 거듭하고 변신의 놀이를 통해 그는 새로운 세계, 중압의 세속적 일상생활에서 탈진한 자아를 내던진 채 혼돈 속에서 재충전되는 신화적 자아상을 수립하는 것이다. 그런 신화적 자아상은 거대하고, 거칠고, 건강하고, 자연스럽다. 바로 천지창조의 풍경과 대비된다.

> **푼틸라** 산을 만드는 거야, 마티! 꾀를 부리지 말라구. 해보는 거야. 제일 큰 바윗돌을 쌓아올리라구. 그렇지 않으면 하텔마산은 생길 수가 없고 좋은 전망도 바라볼 수 없어.[32]

> **푼틸라** 올라가자구, 마티. 점점 높아지는걸. 사람 손으로 만들어진 건물들을 뒤로하고, 우리는 순수한 자연 속으로 들어가는 거야. 자연풍경은 더 황량해지는걸. 자, 이젠 모든

---

32 Bd. 4, S.1704.

　　　　　　　　　　　　　　브레히트, 서사극, 낯설게 하기 수법

사소한 근심 걱정일랑 벗어던지고 이 강력한 인상에 빠져보라구, 마티.[33]

산을 만들고 그 황량한 자연의 풍경에 몸을 내맡기는 푼틸라는 주정 상태 속에서 상상력으로 원시의 신화적 상태를 재현한다. 그가 변신하는 만큼 상대적으로 세상도 바뀐다. 변신에 따른 세계의 변모는 현대적인 의미에서 천지창조의 인공적 재현인 것이다.

그렇다면 그런 천지창조의 코스몰로지를 가능케 하는 푼틸라 자신도 신화적 인물이다. 그가 역할하는 어릿광대의 코스몰로지 가운데서 그는 한낱 세속적인 영웅상이나 인물상으로 등장하는 것이 아니라 신화적 측면에서 구비전승을 통해 제의 속에, 혹은 연중행사나 일상의 의식 속에서 이어지는 신성과 맥락을 같이한다. 그만큼 어릿광대 푼틸라 또한 신성가족의 변형으로 해석하는 것이 옳다 할 것이다.

푼틸라로 표현되는 어릿광대는 단순히 웃기는 객체가 아니라 웃음을 봉납하던 사제, 제의의 주재자의 또 다른 일면이고, 더 근원적으로는 어둠과 혼돈의 자식, 제의적인 정화의 대상이 된다.

그는 무질서를 대표하며 더러움으로 대표된다. 그는 죽음이며 갈등이고 대립이기도 하기 때문에 반란 모티브의 예각화, 상하관계의 전도, 성적 문란 등 사회적 관습의 해체를 두드러지게 한다.

그런 극대화를 극화하는 제의적 난장, 그 난장을 통한 악의 추방이

---

33 Bd. 4, S.1705.

라는 불양(祓禳)이 그대로 어릿광대의 강화에 이바지하는 것은 이 오르기(Orgie) 상태가 '질서의 일시적 퇴행'이며 '혼돈에의 복귀'이므로 불양과 난장의 대립은 새 것에의 지향과 혼돈에의 복귀 사이에 있는 보완적 대립, 대립적 보완이고 불양이 쇄신에 대한 직설적 요청임에 대해, 난장은 그 역설적 접근[34]이기 때문에 그 상호관계는 대립적 보완 관계이다.

우주론적 관점에서 보면 제의란 한 사회구조가 지닌 갖가지 대립을 조정하는 것이고 난장이라는 극적 상황 속에서 상하갈등의 반란 모티브나 억압된 성의 해방, 혹은 쌓이고 쌓인 악심의 노출 등으로 마음과 정신의 정화에 기여하는 것이다. 일상적 세속생활에 내재하는 현실적 갈등을 대립적으로 상호 보완시키고 조정함으로써 그 대립적 갈등을 대립적 보완으로 순환시키는 것이 제의의 본질이다. 바로 이 점에 민중극의 어릿광대 역할이 기능하는 것이다.

P/M에서 보면 푼틸라와 마티의 대립이 상하관계의 그것에서 헤어나지 못할 때 그 대립은 극심해진다. 왜냐 하면 깨어 있는 맑은 정신의 푼틸라의 오성과, 민중의 지혜를 체현하는 마티의 오성이 현실적 계산과 타협으로 불꽃을 튀기다가 푼틸라가 주정 상태에 빠짐으로써 +극과 +극은 비로소 +, −극으로 조화되고 그 대립은 보완 작용으로 순화된다.

어릿광대의 코스몰로지에 의하면 혼돈이고 어둠이고 사악함과 더러

---

34 김열규, 『한국민속과 문학연구』, 일조각, 1971, S.186.

브레히트, 서사극, 낯설게 하기 수법

〈주인 푼틸라와 머슴 마티〉의
공연 장면(1949).
(©German Federal Archives
at Wikipedia.org)

움과 섹스를 체현하는 어릿광대 푼틸라는 놀이와 장난과 익살과 고약
함과 섹스와 더러움과 사악, 그리고 심지어 혼돈과 어둠을 신성에 연
계시키는 양의성(兩義性)의 매체이기도 하다. 어릿광대 푼틸라는 주정
상태에서 어지럽고 지저분하고 흐트러져 지리멸렬하고, 그래서 바보
이고 어리석은 얼간이이고 제멋대로이며 거친 미친 놈이고 허풍쟁이,
장난꾸러기 등의 복합체로서 미분화의 다의성을 지닌 트릭스터[35]인 것
이다.

　이악스럽고 거만하고 약삭빠른 지주인 푼틸라도 곤드레가 되면 바
보처럼 착하고 욕쟁이이며 엉망진창이고 허풍쟁이, 장난꾸러기이다.
11장에서 술병을 가루로 만들어 알코올을 없애겠다는 푼틸라가 유혹
에 지는 장면, 9장에서 딸 에바를 고용 운전수 마티와 약혼시키려는
장면, 7장의 푼틸라의 네 약혼자들의 소동, 5장의 푼틸라 집안의 사우

35　Radin, *Trickster* 참조.

나탕에서 벌이는 에바와 마티의 에로스 장면, 3장에서 곤드레가 된 푼 틸라가 꼭두새벽의 아낙들과 약혼하는 과정, 2장에 곤드레가 된 푼틸라의 너스레와 욕지거리와 허풍 등은 모두 어릿광대의 코스몰로지와 완전히 부합되는 것이다. 그것은 허풍, 과대망상, 신분의 뒤집힘, 섹스의 범람, 폭식, 배설, 주정 등 신화적 어릿광대의 코스몰로지의 속성을 지닌다. 카니발 타입인 광장의 축제, 광대놀이, 거기에 등장하는 난쟁이, 불구, 그리고 갖가지 웃음의 양식이나 굿놀이, 여러 종류의 전승예능, 방대한 각종의 패러디 문학 등은 단일의 통일된 민중적 웃음의 문화, 카니발 문화의 일부분을 형성한다. 모든 카니발 형식은 철저히 정통종교외적인 것으로 그 명료하고 구체적·감각적 성질과 강한 놀이의 요소 때문에 어떤 의미에서 예술적·형상적 형식, 곧 연극적·쇼적 요소와 근접한다.

2) 신화적 코스몰로지의 현대화

문화의 카니발적 핵심은 예술과 실생활 그 자체와의 경계선상에 있는 것이다. 본질적으로는 그것은 생활 그 자체이지만 특수한 '놀이' 타입으로 가다듬어진 생활인 셈이다. 카니발로 삶·생활 그 자체가 연희된다. 자기실현을 위한, 다른 자유로운(마음대로의) 형식을 연희하며, 보다 좋은 원리에 바탕을 둔 자기의 재생과 쇄신을 연기하며, 삶 그 자체가 연희된다. 그것을 우리는 웃음의 원리로 조직된 민중의 제2의 삶, 민중의 축제의 삶이라고 불러도 된다.

브레히트, 서사극, 낯설게 하기 수법

그런 신화적 코스몰로지는 질서와 합리성에 의해 위축되었다. 다산을 위한 거대한 남근과 여음도 사라지고 넘치는 에로스는 통제된다. 폭식과 상쾌한 배설도 그 근원인 홍수와 같은 방일이나 일탈이 견제됨으로써 그 원초적 의의를 잃게 된다. 따라서 뒤집히는 질서, 곧 상하전도, 더러움의 재현, 난장판의 신화적 의미도 모두 무질서 내지 반질서 그리고 일상에 대한, 통치에 대한, 합리성에 대한 반항과 저항으로 간주되어 이단으로 처리된다. 질서의 중심세계에서 혼돈과 무질서는 변두리로 추방된다. 따라서 신화적 카오스의 무한한 호연지기도 이해될 수 없고 커다란 총체적인 것은 작은 단편·편린으로 분화되어 우리 앞에 질서의 이름으로 버려져 있다.

작고 세련되고 인공적인 것이 크고 거칠고 자연적인 것을 세계의 중심에서 추방하여 그 추방된 것들은 반 일상적인 것으로, 극단적으로는 일상세계에서 이해될 수 없는 '마적인 것'[36]으로, 저 세상 것으로 억눌려진다. 이 추방된 것들은 다시 세계의 중심으로 귀환할 날을 기다리며 그런 기회가 오기를 호시탐탐 노리고 있다. 그 마적인 것의 귀환이 가장 손쉽게 이루어지는 것이 주정 상태이다. 이 곤드레 상태에서는 모든 것이 가능한 신화의 세계가 얼핏 그 카오스의 문을 연다. 그러면 무질서의 세계는 그냥 그대로 커다란 방일과 일탈과 소비의 물결로 일상의 질서를 깨뜨려버린다. 바로 그러한 광대무변한 심연의 세계가 푼틸라 속에 내재하고 있다. 제1장 '푼틸라가 한 인간을 찾아내다'에서

---

36 K. Baschwitz, *Hexen und Hexenprozesse*, Lizenzausgabe Buch-Nr. 328/9, S.135 f.

그는 그가 가진 세계의 진폭을 이렇게 주절댄다.

> 세계는 크단 말이다. 내가 가진 산림은 너희들을 삼켜버릴 만
> 큼 넓고 이 푼틸라 어른마저 삼켜버릴 만큼 크게 뻗쳐 있다고.[37]

　푼틸라가 어릿광대일 때 마티나 딸 에바, 기타 방계인물의 성격은
어떻게 규정되는가? 민중극(대중극 · 민속극 · 통속극)의 광대들은 쌍(pair)
으로 성립되고 그 역할이 서로 교환된다. 그런 의미에서 주정뱅이와
맑은 정신의 소유자, 주인과 머슴, 아버지와 딸, 젊은 여인과 남자 등
쌍을 이루는 둘은 같은 뿌리의 이중구조의 형식을 갖는다. 지주라고
해서 푼틸라가 반드시 상층의 상징이라기보다 다 같은 어릿광대들이
라는 의미에서 그들은 신화적 카오스의 쌍둥이들이며, 다 같이 신화의
신성한 어둠과 혼돈의 아들 딸이다.
　어릿광대들은 신성을 증명하는 부정의 존재로 태어난 것이다. 그들
의 정신적 · 육체적 불구성은 빛과 질서의 중심 사상에서 보면 어둠과
혼돈의 변경 · 주변 사상을 대표한다.
　어릿광대들은 변경 사상을 체현하고 있다. 중심에서 밀려나 먼 변두
리로 쫓겨난 카오스의 후예인 어릿광대들은 신화적 세계의 문화기층
적 · 근원적 활력을 굴절시키며 표출하면서 표층문화의 쇠퇴한 일상
생활 사이를 비집고 중심 · 핵심으로 다시 귀환하고자 한다.

37　Bd. 4, S.1618.

말하자면 이제는 이단으로 몰려 변두리(주변·주변성)로 추방된 카오스의 난장을 체현하는 어릿광대, 불구, 낯선 것, 두드러진 것들—그 거인족이며, 난쟁이들, 도적들 하며 악한들, 이인(異人)들, 거식가, 뚱보, 바보, 천치, 허풍쟁이, 거짓말쟁이, 클라운, 트릭스터—이른바 문화기층으로 밀려나 있는 것들이 그들의 존재를 과시하며 중심세계로 역습해 들 때 가장 흔한 모습으로 등장하는 것이 현대적 의상을 걸친 주인과 머슴의 상하 관계를 형성하는 신화적, 원초적 쌍·짝의 구도이다.

6. 결론 : 전환기의 축제극

하인은 그 주인을 조롱하며 비웃으며 그에게 종속되면서 그를 조종한다. 하층이 상층을 조종한다. 하층이 상층을 자기의 태 속으로 끌어들여 잉태한다. 상층은 조종당하고 수치를 당하며 죽고 쇄신되어 재생한다. 육체가 정신을 지배하면서 앰비밸런스의 가치를 만들어 낸다. 민중의 지혜를 체현하는 마티는 되돌아온 어둠과 혼돈, 카오스의 자식이며 그는 마침내 어른이자 주인인 푼틸라를 버림으로써 독립한다. 주인은 새 시대, 이단이 정통이 되고 머슴이 주인노릇을 하는 그런 새 시대에 뒤떨어진 주변·변두리로 밀려난다.

그것이 마르크스주의자 브레히트가 꿈꾸는 신화적 세계의 현대화이다. 신화 세계의 현대화는 그렇게 계급이, 위계질서가 전도되고 정신주의 대신에 육체가, 섹스가, 자연이, 대지가 건강하게 되살아나는 시대이다. 그런 시대는 머슴들이 주인에게 등을 돌리는, 주정뱅이가 역설적으로 거의 한 인간이 되는 그런 시대이다.

당신은 내가 만난 사람 중에 가장 고약한 사람은 아니랍니다.
당신이 곤드레가 되면 당신은 거의 한 인간이니까요.
우정은 물론 오래갈 수 없었죠.
흥분은 사라지죠. 날에 날마다 속고 속이죠.
물과 기름이 섞이지 않는다고 눈물로 한탄한다 해도
쓸모 없어요. 눈물만 손해랍니다.
머슴들이 당신에게 등을 돌릴 시대가 되어가고 있어요.
착한 주인어른을 그들은 곧 만나게 될 테죠.
그들이 먼저 자기의 주인이 되기만 한다면.[38]

위의 언표에서 유의해야 할 점은 머슴들이 주인에게 '등을 돌릴 때', 곧 '전환기'라는 시대의 위기가 거론되고 있다는 구절이다. 하나의 변화가 오는 시대, 전환의 시대는 위기의 시대이며 위기의 계절에는 제의가 베풀어진다.

제의는 전환기의 시대, 전환기의 계절에 닥치는 위기를 극복하기 위한 통과의례·이니시에이션이며 바야흐로 계절의 고비마다 베풀어지던 풍요제의 대신에 근대적 시대의 전환점에 베풀어지는 제의는 난장을 정점으로 축제가 베풀어져야 하는 것이다.

---

38 Bd. 4, S.1708~1709.

브레히트, 서사극, 낯설게 하기 수법

축제는 인류문화의 극히 중요한 제1차적 형식이다. 축제는 언제나 본질적인 뜻깊은 세계관적 내용을 지닌다. 공동적 노동 과정의 조직·개선에 있어서 어떠한 '실연(實演)'도, 어떠한 '노동의 놀이'도, 어떤 휴식도, 숨 돌리기 위해 쉬는 것도 그 자체로서는 축제가 되지 않는다. 그런 것들이 축제가 되기 위해서는 다른 차원, 정신적·이데올로기적 차원에서 무엇인가가 첨가되어야 하는 것이다.

이런 것들은 인간 존재의 가장 높은 목적, 이상적 세계에서 재가를 받아야 한다. 이 점은 미하일 바흐친에 의해 극명하게 지적되고 있다.

축제는 언제나 '때'와 본질적 연관을 갖는다. 그 바탕에는 늘 자연의 (우주적), 혹은 생물학적, 혹은 역사적인 '때'에 따른 명확한 구체적 개념이 있다. 그 위에 축제는 그 역사적 발전 각 단계에서 자연, 사회, 인간의 생활에 있어서의 위기적 변혁의 계기와 결부되어 있다. 죽음이나 재생, 교체와 갱신의 계기는 언제나 축제적 세계관으로 유도되어 나간다. 바로 이러한 계기가—특정한 축제에 구체적 형식으로—축제 특유의 잔치다움을 만들어내는 것이다.[39]

---

39 M. ベフチン/川端 譯,『ラプレーの 作品と 中世ルネッサンスの 民衆文化』, 東京 1980, S.15.

제4장

브레히트의 작품 세계

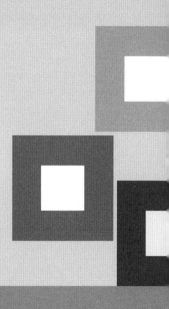

브레히트의 작품 세계

1. 초기 작품들

1) 〈바알(Baal)〉

브레히트는 1923년 〈바알〉의 라이프치히 초연 때 스스로 기타에 맞추어 노래(송)를 읊었다. 그러나 짓거리 언어를 이해할 수 없던 배우들의 어법 장광설(Deklamation)에 의해 이 작품은 실패작이 되었다고 평론가 이어링은 지적하였다. 1926년 베를린 청소년 무대에서의 상연은 비로소 그가 의도하는 짓거리 어법(Diktion)을 성취시켰다. 그만큼 작품 〈바알〉은 극장이 발칵 뒤집힐 정도로 도발적인 어법 짓거리로 젊은 브레히트의 방약무인함을 드러내 보인다.

원래 바알은 고대 시리아의 태양신이었다. 그 신은 삶을 상징하고 다산을 상징하는 생식·풍요의 신이다. 구약성서의 야훼가 윤리적이라면 바알은 그와 정반대되는 개념이다. 기독교 세계, 그 세계의 연장에서 파생된 시민사회의 신이나 도덕 개념과 반대되는 바알신의 이름이 브레히트의 처녀작의 주인공으로 되살아났다.

브레히트의 바알은 탐욕스럽게 삶을 즐기고 한없이 삶에 집착한다. 천재적인 시적 재능을 가지고 있음에도 불구하고 시민사회의 예술적 욕구를 충족시키지 못한 채 주막집이나 환락의 거리에서 기타를 치며 노래하는 방랑의 유랑 시인인 바알은 시민사회의 도덕적 측면에서는 부도덕하고 파렴치한 아우트 로우(무법자)이다.

21개의 장면 구성을 지닌 〈바알〉의 직접적 집필 모델은 표현주의 극작가 한스 요스트의 〈외로운 사람〉이다. 요스트는 자기 희곡에서 그라베의 비극적 생애를 다루었다. 이 천재는 세상의 몰이해에 좌절하여 술주정뱅이가 된다. 그런 버림받은 천재에 대한 작가적 도취가 그를 이상화한다. 브레히트도 전 세기의 천재들인 뷔히너, 렌츠, 그리고 그라베에게 많은 관심을 보였고 그만큼 요스트의 시민 비극적인 이상화의 방법을 아주 못마땅해했다. 그런 까닭에 〈외로운 사람〉의 줄거리와 비슷하게 이야기를 끌어가면서도 세상에서 돼지, 망나니라고 천시되던 술주정꾼, 호색한, 살인자인 무법자 바알을 주인공으로 설정한 것이다. 바알은 현란하고 풍부한 이미지를 시로 만들며 자연과 일치할 수도 있는 큰 인간이다. 그런 면에서는 엑스터시 같은 황홀한 측면이 없는 것은 아니지만 바알에게는 영웅주의적인 도취는 없다. 문명사회에 등을 돌리고 자연과 직접 맺어질 때 그는 거의 생물적인 도취의 영역으로 빠져들지만 시민사회 속에서는 고고한 시인도 아니고 반대로 모럴을 갖지 않는 야인이며 무법자이다.

이 작품에서 작가 브레히트는 냉랭한 리얼리스트이며 바알 자신도 그 시니시즘(cynicism, 냉소주의)에 의해 고상한 예술을 저차원의 세계로 타락시킨다.

젊은 브레히트가 표현주의에서 출발했다는 옌스나 클로츠의 규정에도 불구하고 구체성을 중시하는 냉철한 리얼리스트로서 브레히트는 이미 이 초기 작품에서도 그의 진면목을 보여주고 있다.

바알의 시는 자기대로의 행위이며 몸짓이다. 바알은 이성적인 브레히트의 작품에 나타나는 거의 유일한 주관적 초인이다. 바알 자신은 스스로 자기를 객관화시키고 거리를 두게 하지만 작가 자신이 작중인물에 대한 객관화도 유도한다. 그런 까닭에 바알이 읊조리는 자연에 대한 정서까지도 기교적인 허구라고 단정하는 사람(오토 만)도 있다.

자연의 바알은 비평가에게 그 재능을 인정받아 재목상이자 출판업자의 살롱에 소개되면서도 아주 방약무인하게 굴어서 쫓겨난다. 그는 은인의 아내마저 빼내고 숭배자의 연인도 자기 것으로 만든다. 그 두 여인을 앞에 두고 바알은 비속한 노래 〈오르게의 노래〉를 들려준다.

> 오르게는 말했지,
> 이 세상에서 가장 멋진 곳은
> 어버이 잠든 무덤의 잔디밭도 아니고
> 참회의 거리, 창녀의 잠자리도 아닌
> 부드럽고 하얀, 따뜻한 육덕의 무릎도 아니라네.

……가장 멋진 곳은 측간이라네.
이야말로 머리 위에 별을 두고 발 아래 똥을 보며
충만해 있을 수 있는 곳,
혼인식의 밤에도 혼자 있을 수 있는
바로 근사한 곳……

측간은 먹고 마신 뒤 버리는 배설 행위의 유기적 과정을 통해 인간을 인식하고 다음 쾌락을 위해 내장의 준비를 하는 장소이다. 유기적인 해체를 난장판(Orgie)의 찬가 형식으로 표현한 일종의 도발인 것이다.

바알의 삶은 선술집이라든가 지붕 밑의 작은 방을 무대로 삼아 전개되어간다. 그 방에서 그는 두 자매를 희롱하는 데 양심의 가책도 받지 않는다. 그는 하숙집 아주머니에게 쫓겨난다. 그의 행적은 엉망이다. 그는 지나가는 여자를 농락해서 함께 방랑의 여행길에 오른다. 싸구려 카페에서 기타를 치며 호구지책을 강구하기도 하고 나무꾼 토막집의 부엌에서 방랑자들과 사귀기도 한다. 그 방랑의 길에서 에카르트라는 동반자와 만난다. 그와 같은 방탕한 삶은 〈도시의 정글〉이나 〈에드워드 2세〉에 나오는 호모섹슈얼한 인간관계로 이어진다. 이 동성애는 살인으로 끝난다. 방랑하는 가운데 바알은 어리석은 시골 사람들을 속여 소들을 사겠다는 약속을 하고 일곱 마을의 소라는 소들을 들에 모으는 장난을 친다. 이 고약한 장난 때문에 그는 숲속으로 숨어들었다가 마침내 모든 사람들에게서 버림받고 삶에 집착하면서 비 오는 밤에 혼자

죽어간다. 전혀 극적이지 않은 그의 죽음은 시체를 발견한 나무꾼들에 의해 전해진다.

만년의 브레히트는 자기의 슈트룸 운트 드랑(Strum und Drang, 폭풍노도) 시대를 성찰하며 〈바알〉에서 변증법적인 지혜의 부족을 인정하고 '비사회적 사회에 있어서 비사회적 존재'였던 바알의 도전의 의미와 그 한계를 분명히 하였다. '모순의 정신'으로 젊은 날을 성찰한 브레히트는 〈바알〉을 변증법적 부정의 단계로 자리매김한 것이다.

2) 〈밤의 북소리(Trommeln in der Nacht)〉

스물한 개의 느슨한 장면으로 이어지는 〈바알〉의 구성과는 달리 브레히트의 이름을 일약 유명하게 만든 〈밤의 북소리〉는 5막짜리이다. 1922년에 초연된 이 작품은 1919년에 이미 집필되고 있었으므로 브레히트가 잠시 겪었던 군복무와 아우크스부르크 혁명운동의 체험과 전혀 무관하다고 할 수는 없다. 원래는 1919년 1월 베를린에서 일어났던 스파르타쿠스단의 봉기 사건을 배경으로 군에서 집으로 돌아온 귀환병 크라글러의 실패한 혁명 체험이 브레히트 자신의 경험과 오버랩되어 있다.

극적 긴장을 느끼게 하는 리얼리티를 지닌 상투적인 도입부에서 우리가 갖는 기대는 후반에 이르러 완전히 어긋나버리고 이 연극은 허무적인 환상 파괴로 끝맺는다. 무정부주의적이며 일체를 부정하는 거친 짓거리와 절규는 표현주의적 격정처럼 보이기도 하지만 그 정열은 차

라리 환상 파괴를 위해 쓰여졌다는 편이 옳을 것이다. 이 드라마의 활력은 사나운 냉소주의에 있다.

독일에 있어서 귀환병 드라마, 곧 전쟁이 끝나고 심신에 상처를 입은 채 고향으로 돌아온 병사들의 이야기는 제2차 세계대전 이후에 보르헤르트의 〈문밖에서〉가 대표처럼 되어 있지만, 이에 앞서 제 1차 세계대전 직후에도 그런 유형은 꽤 유행한 형식이었다. 전사했다고 믿어졌던 주인공이 돌아와 사랑하는 여성을 다른 남자의 품에서 발견한다는 삼각관계는 보다 더 거슬러 올라가면 『이녹 아든』의 테마와 플롯으로 소급된다.

브레히트의 돌아온 병사는 4년간의 포로수용소 생활을 보내고 다 떨어진 보병 복장에 작은 파이프를 하나 들고 스파르타쿠스단이 폭동을 일으킨 불온한 정세의 베를린 시내에 유령처럼 나타난다. 그날은 바로 그의 약혼녀 안나 발리케가 다른 남자와 혼약식을 맺는 날이기도 하다. 그녀의 아버지는 전쟁 중에 포탄을 담는 상자 제조로 돈을 모아 전후 살쪄나가고 있는 신흥 부르주아이다. 그는 전쟁 모리배인 무르크에게 딸을 시집보낼 생각이다. 안나는 돌아오지 않는 약혼자를 기다리는 것처럼 가장하고 있지만 이내 무르크의 손아귀에 든 채 부모에게만 괜히 정숙을 가장하고 있다. 결국 약혼 성립 축하차 시내 술집으로 나가기 위해 집을 나섰을 때 크라글러가 나타난다. 하녀에게서 그들이 간 곳을 알아낸 그가 안나를 찾아 나섰을 때 〈보이체크〉에서 보이듯이 건포도 같은 붉은 달이 으시시하게 창 밖에 걸려 있다.

벼락부자들이 모이는 술집에 나타난 크라글러는 안나를 가운데 놓고 그녀의 아버지, 어머니 그리고 새 약혼자와 만난다. 여기에 당연히 생겨야 할 극적 긴장이나 대립이 일어나지 않는다. 부르주아들은 내용도 없는 빗댄 아니꼬움으로 대응하고 크라글러도 격정적인 고발자의 역할을 할 능력이 없다. 그 자신이 '마음 깊숙이에서'라는 등 상투적인 문구의 무의미함을 깨닫고 있으며 젊은 몸이 여자 없이 지냈으므로 계집 하나 안고 싶다는 본능적인 욕구만이 그가 말할 수 있는 유일한 언행이다. 크라글러에게 인간적인 동정을 보이는 것은 전쟁에 끌려 나갔다 온 술집 보이 망케와 창녀인 마리뿐이다.

무르크가 잔인하게 안나를 모욕하고 크라글러는 그를 마룻바닥에 쓰러뜨린다. 그러나 안나는 전 약혼자의 사랑을 받아들일 생각이 없이 나가달라고 말한다. 보이는 그에게 신문 거리에서 일어난 봉기에 가담할 것을 권유한다. 크라글러는 밖으로 뛰쳐나온다. 밖에서는 두 세계의 충돌을 암시하는 북소리와 기관총 소리가 들린다. 이 소동 속에 안나가 무르크의 아이를 지우기 위해 약을 먹으려 하고 무르크는 이를 말린다.

거리에서 창녀 마리가 크라글러를 붙들어 술 한잔 하러 간다. 보이와 안나, 술이 엉망이 된 무르크와 언제나 냉철한 관찰자인 기자가 따른다. 창녀들, 주정뱅이들, 정보를 빼내기 위해 혈안이 된 염탐꾼들이 우글거리는 술집에서 크라글러는 마침내 봉기에 동참할 결심을 한다. 시가전이 벌어진 지역으로 가던 다리 위에서 크라글러는 안나를 만난다. 그녀는 그에게 모든 사실을 고백한다. 줄거리 가운데서 자주 중단되던 극적 긴장은 이 마지막 긴장마저 포기한다. 안나의 하소연에 간단히 변절한 크라글러는 동지들의 비난도 마다 않고 스파르타쿠스단의 전열이 눈앞에 닥친 결정적인 순간에 안나와 함께 잠자리로 돌아가겠다고 선언한다.

해피엔딩도 아니고 그렇다고 비극이라고 말할 수도 없는 이 연극은 글자 그대로 희극일 수밖에 없다. 이 작품에서는 시민계급도, 혁명에 등을 돌린 크라글러도 다 함께 비판된다. 미래를 믿는 혁명의 참가자들조차 술집 바에 진치고 앉아 있는 식당 보이, 염탐꾼, 창녀들 같은 아우트 캐스트, 진정한 의미의 혁명적 계급인 프롤레타리아트나 노동자가 아니라 베데킨트가 즐겨 다루었던 제5계급의 사람들인 것이다.

전후에 전집 간행에 즈음하여 브레히트는 이 작품의 사회적 배경을 좀 더 부각시키려고 가필하였다. 크라글러와 혁명적 세력과의 힘의 대결을 보다 구체적이고 직접적으로 만들기 위해 에피소드 하나를 첨가시켰다. 제4막 술집에서 주인 그루프의 조카 파울이라는 혁명가가 화제가 되어 정체를 알 수 없던 그루프와 혁명과의 관계가 뚜렷해진다. 주정뱅이는 좌절해서 혁명으로부터 손을 뗀 패배자로 나타난다. 분위기로, 또 점경(点景)적으로 묘사되던 스파르타쿠스 봉기에 대해서도 역사적인 고증이 이루어지고 베를린의 지명도 정확해지고 혁명의 노래도 〈인터내셔널〉(대표적인 혁명가)이 주로 불려진다.

이 작품이 처음부터 지니고 있었던 리얼리티는 드라마의 부속물인 인체의 이상화(理想化)를 배척한 데 있으며 혁명적 배경의 정확하지 않은 인식은 그다지 리얼리티를 훼손하지 않는다.

낯설게 하기의 기교는 아직 습득되지 않았지만 환상 파괴의 기법은 낯설게 하기의 싹이라고 볼 수도 있다. 크라글러의 대사에서 따온 "그렇게 로맨틱하게 쳐다보지 마!"와 "누구나 자기의 껍질 속에 파묻혀 있는 게 제일 좋아"라는 커다란 플래카드가 로맨틱한 감정이입을 차단한다. 크라글러의 어처구니없는 변절 자체가 로맨틱한 극적 성과의 기대에 대한 배반이다. 혁명 연극 같은 효과를 올리는 혁명적이며 로맨틱한 '붉은 달'은 마침내 크라글러에 의해 두드려 팽개쳐지는 환상(조명)에 지나지 않음을 드러낸다. 자기의 껍질 속에 파묻힌다는 크라글러의 자기정당화도 동시에 관객들 자신의 연극에의 감정이입을 막는, 비판적 각성의 요청이라고 봐야 할 것이다.

브레히트의 장편 희곡 가운데 거의 유일한 이 5막 형식의 희곡은 작가의 독특한 극적 재능을 짐작케 하면서 한편에는 막 구성에 의한 상투적 드라마의 한계를 보여준다. 그런 면에서는 낡은 희곡 형식을 차용한다는 이 퇴영적 실험도 서사적 형식을 지향하는 필연성을 확인하기 위한 한 단계였다고 말할 수 있을 것이다.

3) 〈도시의 정글(Im Dickicht der städte)〉

초원을 떠나 도시의 정글로 굴러온 가난한 이주민 가르가. 도서대여점 직원으로 일하고 있는 그에게 말레이시아 출신의 목재상 슐링크가 나타나 가르가가 아직 읽지 못한 책에 대하여 그의 의견을 비싼 값으로 사겠다는 엉뚱한 제의를 한다.

가르가는 여러 가지 보상에도 불구하고 심지어 협박에 대해서도 자기 의견을 팔지 못하겠다고 제의를 거부한다. 가르가는 슐링크라는 동양인이 짐작한 대로 그와 맞수가 될 수 있음을 증명한 것이다. 슐링크는 그에게 황야의 결투를 신청한다. 이유도 없이 그 도전은 받아들여진다.

가르가는 가게에서 해고된다. 그의 누이동생 마리는 슐링크 일당의 손에 의해 창녀로 팔릴 판이다. 슐링크는 '초원의 법칙'에 따라 상대방과 대등해지기 위해 모든 재산을 가르가에게 양도하겠다고 제의하지만 속을 까놓고 보면 그는 재목 이중 사기 판매를 하고 있다. 슐링크는 가르가의 도발로 구세군 가두 전도사의 얼굴에 침을 뱉는다. 가르가는 쇼크를 받아 도시의 정글에서 벗어나 타히티 섬의 자연으로 달아나 버리고 싶어한다. 가르가의 어머니가 이를 거부하자 그는 가출해버린다. 그리고 가출한 아들 대신 슐링크가 그 집안을 돌봐준다.

차이나타운의 싸구려 호텔에서 가르가는 슐링크로부터 동생 마리와 애인 제인이 그의 손아귀에 들어 있다는 전갈은 듣는다. 마리가 이 동양인을 사랑하고 있다는 사실을 안 가르가는 화를 냈다가 나중에는 이 싸움에서 손을 떼기 위해 오히려 적극적으로 둘 사이가 좋아지기를 바란다. 슐링크는 마리를 사랑하지는 않지만 그녀를 돈으로 풀어주려고 한다. 사랑하는 남자의 손으로 풀려나기를 꺼린 마리는 경매에 나섰던 다른 남자와 함께 떠나버린다.

슐링크는 가르가가 목재 사기 판매로 고소되어 사기죄로 감옥에 가게 되었다고 말한다. 어머니는 미친 듯이 집을 뛰쳐나갔다가 죽고 창녀 노릇으로 번 돈을 들고 돌아온 마리도 아버지와 싸워 집을 뛰쳐나

브레히트, 서사극, 낯설게 하기 수법

간다.

초원에서 도시로 나온 가르가 집안은 이 의미 없는 싸움으로 풍비박산이 되었다. 가르가는 복수를 획책한다—감옥에 들어가기 전에 그는 이 황색 인종이 누이동생을 강간하고 아내를 노리고 있다는 편지를 써서 3년 뒤 출옥하기 일주일 전에 그것을 신문사에 투고해달라고 의뢰한다. 그 편지가 공개되면 슐링크는 반드시 제재를 당할 것이다.

3년이 지나 슐링크는 목재 사업을 충실히 재건하였으나 그의 사무실로 그를 공격하려는 군중들이 몰려온다. 그는 급히 도망친다.

차이나타운의 바에서는 가르가의 친구들이 그의 출옥을 기다리고 있다. 전 도서대여점 주인과 함께 등장한 가르가는 창녀가 된 재인을 갱생시키려고 하지만 그녀가 말을 듣지 않는다. 가르가는 슐링크에게 철저하게 복수한 것을 후회하면서도 동생 마리가 그와의 인연이 끊어져 새 삶을 시작할 수 있게 된 것을 다행으로 여긴다. 거기에 군중의 린치를 피해 달아났던 슐링크가 나타나 함께 도망가자고 간청한다.

둘은 미시간 호반의 채석장 텐트에 몸을 숨긴다. 이곳에서 그들 둘은 서로가 '형이상학적인 행동의 동지'임을 확인한다. 슐링크는 처음으로 가르가에의 동성애를 고백하지만 가르가는 몸서리를 친다. 싸움은 무한한 고독을 확인시켰을 뿐이다.

가르가는 이 무의미한 싸움을 포기하고 맨몸으로 이 투쟁에서 벗어날 것을 선언한다. 그가 갈 곳은 타히티 섬이 아니라 뉴욕이다. 슐링크는 싸움을 그만두는 것으로 일을 끝내려는 가르가를 임포텐츠(성불능자)라고 도발하며 그래도 그를 싸움 상대로 붙들어 매려고 한다. 가르가는 그에게 사람을 고용하고서도 돈도 지불하지 않는 자살자라고 욕한다. 슐링크는 이제까지의 싸움에서 지불한 희생이 무의미해지는 데화가 나고 또 이 싸움이 육체적인 것이 아니라 정신적인 것이었음을 말하지만 가르가는 정신적인 의미를 중시하지 않는다. 싸움에서 강자가 되는 것보다는 젊은 그에게 있어서는 살아 있는 인간으로 살아남는다는 것이 중요한 것이다. 그는 슐링크를 이긴다는 것이 아니라 죽은 그를 장사지낼 뿐이다. 그리고 싸늘한 대도시에서 강인하게 살기 위하여 떠나간다.

슐링크는 투쟁의 상대가 사라진 아픔에 혼절한다. 거기에 마리가 나타나 자기를 쫓아내지 말라고 애원한다. 슐링크는 마리에게 마지막 봉사를 부탁하며 독약을 마신다. 사람들 사이에 엄존하는 접촉의 불가능성, 삶의 부조리를 알게 된 가르가는 슐링크와의 싸움이 벌어졌던 좋은 시대를 회상하면서 고독에 철저히 젖어들기 위하여 사람들이 들끓고 있는 뉴욕을 향해 길을 떠난다.

〈밤의 북소리〉에 이어 집필된 〈도시의 정글〉이 사실적인 무대보다 추상적인 방법을 택한 것은 그것이 일종의 실험극이기 때문이다. 이 작품에서 브레히트는 자유경제의 법칙에 의한 자의성과 기계문명의 지배를 받는 대도시 시민들의 생활 양상, 사람들끼리의 의사소통의 불가능성이라든가, 정신적 접촉의 불가능성, 그 결과로서의 고립화 등 소외의 상황을 주제로 하여 두 인간의 무의미한, 그러나 철저한 투쟁을 그려내려고 했던 것이다.

그 투쟁의 장소, 도시의 정글의 모델로서 그는 공상 속의 시카고를 만들어낸다. 이 시카고는 그 이후의 브레히트 작품에 자주 등장한다. 이 도시는 리얼한 시카고가 아니다. 그곳은 브레히트의 공상에 의해 태어난 허구의 장소이며 이른바 '신화적' 아메리카이다. 〈남자는 남자다〉에 나오는 키플링 스타일의 인도라든지 〈서푼짜리 오페라〉의 디켄즈 형식의 런던 소호 구역, 〈도살장의 성 요한나〉에 나오는 자본주의적 시카고, 교육극 〈조치〉에 보이는 정치적 연습장으로서의 중국 등과 같이 이러한 가공의 장소는 이국 취미로 쓰인 것이 아니라 어떤 주제를 전개하기 위한 장소의 모델로서 등장한다. 따라서 장소의 정확성, 사실적 묘사 같은 것은 중요하지 않다. 이 작품의 주인공 슐링크만 하더라도 말레이시아인이라고 하지만 양자강(중국)에서 삶의 궁핍을 견디어낸 요코하마(일본) 출신으로서 그 본명은 중국식 완옌이다. 말레이시아인은 브레히트에 있어서 〈바알〉 이래의 원시적 인간의 이미지를 계승한다. 그들은 바알이라든가 겔리 게이 등과 같이 강인한 철면피 동물의 대명사인 것이다. 그런 인간은 소외된 인간의 모델로서는 아주 적격이다.

그런 슐링크(51세)가 스무 살이나 어린 백인 청년 가르가를 상대로 목적도 의미도 없는 싸움을 한다. 그 싸움이야말로 고독한 인간의 접촉이 가능한가를 알기 위한 실험이다. 그러나 인간의 끝없는 고립은 적대 관계조차 도달 불가능한 목적으로 만들고 만다는 사실만 증명될 뿐이다.

그것은 인간의 순수한 투쟁욕이라 한다면 그런 견해는 일종의 추상화라 할 것이다. 그러나 그 추상화도 표현주의적인 것이 아니라 개개 사건의 전개는 극히 구체적이다. 이미 신즉물주의적인, 아주 무미건조한 일상 언어, 사무적인 문체, 서부극의 거친 사내들의 어투 등이 나오면서 문학적인 어투는 배제된다.

〈도시의 정글〉은 순수 연극, 또는 부조리 연극으로서 투쟁의 무의미, 삶의 부조리를 다루는 베케트나 뒤렌마트의 작품의 선구적 작품으로 평가되기도 한다. 그러나 그런 의미에서 이 작품은 그렇게 순수하지만은 않다. 작품은 형이상학적이지만 윤곽은 아주 선명해서 불특정 시대의 보편적 인간을 그린 것이 아님이 명백하다. 신즉물주의적인 포즈가 없지는 않지만 그 소외 현상이 특정 사회와 결부되지 않는다고 말할 정도로 '순수'하지 않은 것이다. 인물의 추상화도 그 인간의 사회적 지위의 포기, 보통명사에의 환원 같은 방식을 취하지 않는다.

만년의 브레히트가 베케트의 〈고도를 기다리며〉에 관심을 갖고 그 번안을 시도(미완)했을 때 먼저 블라디미르를 인텔리, 에스트라공을 프롤레타리아, 포조를 지주 등 그 사회적 속성으로 규정하였다고 한다. 브레히트의 가공 혹은 허구의 구상성이라 말해도 좋을, 어떤 특징이 이 〈도시의 정글〉에도 이미 어느 정도 드러난다 할 것이다.

2. 교육극(Lehrstücke)

〈마하고니 시의 흥망〉에서 예술을 위한 예술, 오페라를 위한 오페라, 곧 미식(美食)적 오페라에 등을 돌린 브레히트는 '예술을 교육적인

브레히트, 서사극, 낯설게 하기 수법

훈련으로 기능 전환할 것'을 목표로 무미건조한 문장과 간소한 양식의 무대를 학습과 토론의 장으로 끌어들이려 한다.

이 실험에서 제시되는 것은 사실이 아니라 실례(實例)이며 그런 한에서 환상 무대가 무시된다. 우리나라에서는 이 용어 'Lehrstücke'을 교훈극, 학습극 등으로 번역한다. 동사 lehren이 '가르치다'임을 감안할 때 가르치는 드라마라는 'Lehrstücke' 창작기는 브레히트 연극의 발전과정에서 볼 때 마르크스주의 학습과 연극적 교육 기능의 유용성이 시험되던 시기이다.

오락연극에 반하여 교육연극은 연극을 통하여 배우고 가르치는 학습 수단이 된다. '오락 수단이 아니라 교육 수단'으로 규정된 교육극 시대는 브레히트에 있어서 연극의 교육적 유용성이 이데올로기적으로 수용된 시기이다. 1926년경부터 시작된 그의 마르크스주의 공부는 이후 그의 작품에 커다란 전환의 계기로 작용하지만 교육극의 이름으로 불리는 일련의 작품들은 그만큼 사회주의적 입장을 단적으로 나타낸다.

교육극은 관객의 계몽과 학습을 뜻할 뿐만 아니라 배우 자신도 공부하는 것으로 규정되어 있다. 따라서 작가인 브레히트가 자기 자신에게 부과한 문제가 그 가운데 논의되고 있음을 간과해서는 안 된다. 그 자신이 배우며 가르친다. 연기자, 관객과 더불어 아웃사이더로서 비켜서는 것이 아니라 이데올로기의 입장에 서서 일체의 감정을 배제한 채 즉물적이고 이성적으로 부과된 과제와 문제에 대결하는 것이다.

전통적인 극장에서 주로 시민계급으로 이루어진 묵은 관객들을 도발하고 자극하는 대신 그의 교육극에서는 자기(브레히트)와 함께 배우는 새로운 계층의 관객이 전제되어 있다. 그의 교육극이 '신음악'파의 작곡가들에 의해 만들어진 바덴 음악 페스티벌이라든지, 아직 컨벤션을 모르는 학생들이라든지, 노동자 합창단 등을 관객으로 삼아 상연된 것도 그 때문이었다.

브레히트 교육극의 거의 대부분은 1929년부터 30년에 걸쳐 집필되었다. 사회주의 노선에서 지식계급 당원들이 많이 빠져나오고 좌익 진영에서도 수정주의라든가 해바라기성 눈치 보기가 성행하는 가운데 나치스가 고개를 쳐들고 사회민주당이 공산당과 치열하게 대립되고 있던 당시의 정치·사회적 상황 속에서 브레히트가 공산당에 입당한 것은 1930년이라고 전해지고 있다.

1929년 노동절에 사회민주당의 경찰 총감 체르기베르가 사회주의 진영의 데모대에게 발포를 명령했으며 브레히트는 슈테른베르크와 함께 그 장면을 목도하였다. 그런 감정적인 체험과 함께 브레히트는 이 시기에 사회주의 사상에 가장 깊이 몰두하였으며 수정주의를 격렬하게 공격하면서 당과 인터내셔널 노선에 충실하려고 노력한다.

그렇다고 그의 교육극이나 시대 인식의 드라마들을 단순히 당의 규율에 맹종한 당파적이며 예술성이 약한 작품으로 보기도 어렵다. 그는 '당이 충실하면서도 객관적일 수 있는가'라는 설문에 대하여 '당이 객관적으로 봐서 정당하다면 그 둘 사이에 구별은 없다'고 답변할 정도로 당시의 시대적·정치적 상황에서 사회주의 활동을 변혁의 가능성과 연계되는 유일한 통로로 보았던 것이다. 그래서 그는 당에게 절대적 정당성을 부여하고 당파적이려고 노력했다. 그가 교육극이나 이 시기의 일련의 작품들 속에서 집요하게 추구한 것은 당을 객관적으로 올바르게 자리매김 시키며 자기의 당파성에 대한 정당성을 확인하려는 변증법적 자세의 확립이었다. 그런 의미에서 그는 당에 대해서도 비판적일 수 있었던 것이며 그런 자세는 그의 말년, 그가 동베를린으로 돌아와 베를리너 앙상블을 이끌던 동독 공산당 정권하에서도 계속되었던 일관된 자세였다.

1) 〈대양 횡단비행(Der Ozeanflug)〉

교육극들은 일종의 연극적 모색이었다. 그런 까닭에 이 작품들은 모두 '시도'로 불리고 번호를 붙인 교과서 형식을 장정으로 간행되었다. '시도' 넘버 1이 교육극 제1작품 〈린드버그의 비행〉이다. 브레히트는 나중에 린드버그의 파시스트적 언행을 보고 이 작품 이름을 〈대양 횡단비행〉이라 바꾸고 린드버그라는 배역 이름도 비행사로 고쳐버렸다. 대서양 횡단에 성공한 린드버그의 위업을 과학의 승리, 인류 진보의 증명으로 찬양한 이 작품에서 린드버그를 복수형으로 함으로써 그를 도운 여덟 명의 협력자 전원의 성공임을 브레히트는 강조한다. 그 당시 새로운 가능성을 제공한 라디오를 위해 쓰여진 이 작품은 린드버그들의 낭독과 그 외의 부분(여론, 방송, 의인화된 안개, 눈보라, 잠, 물과 뭍의 의성어)으로 나누어진다. 청취자들은 라디오 방송으로 전해지는 다른 부분을 들으면서 대본에 나오는 린드버그들의 낭독에 의해 드라마에 참가, 학습하게 된다. 문체는 극도로 즉물적이며 리포트 형식으로 쓰여 있다.

> **린드버그들** 나의 이름은 린드버그/나이는 25세/우리 아버지는 스웨덴 사람이었지만/나는 미국인이다/비행기를 내 스스로 선택했다/속도는 시속 210킬로/이름은 세인트루이스/…… 내 소지품은/플래시 두 개/로프 한 타래/끈 한 타래/수렵용 나이프 하나/고무 호스로 채운 빨간 횃불 네 개/성냥을 담은 방수용 상자 한 개/큰 못 하나 ……

린드버그의 출발, 안개와 눈보라와 잠과의 싸움과 극복 등 그 성공이 주석(註釋)을 붙인 부분과 결합되면서 보고된다.

참가하는 청취자, 또는 관객들도 린드버그에게 감정이입을 하는 것이 아니라 그의 노력과 싸움을 알게 됨으로써 인류의 진보의 가능성에 대한 믿음을 갖게 되는 것이 필요하다. 또 자연과학적 유물론이 강한 이 작품의 사회과학적 의의는 넓은 대양을 비행기로 횡단한다는 최초의 도전을 고식적인 종교나 전통적 착취 사회에 대한 싸움과 인류의 무지라든가 유치함에 대한 싸움으로 간주했다는 사실이다. 그러나 관념적인 경향에 대하여 공격하기 위해 유물론을 지나치게 강조한 점은 비판받아 마땅하다.

드라마의 말미에 가서 린드버그들은, 그들의 손에 의해 가능해진 성과를 성찰하면서 '이룰 수 없는 것'에 대해 이렇게 노래한다.

브레히트, 서사극, 낯설게 하기 수법

우리들의 달력으로 1000년대가 끝난 무렵

우리들의 강철 같은 순수함이

고양되어

우리들 자신의 일도 잊지 않도록 하며

가능한 것과

이룰 수 없는 것을 분명히 해준

이 일에 대하여 보고를 드린다

2) 〈남자는 남자다(Mann ist Mann)〉

이 작품은 1924년 브레히트의 뮌헨 시절부터 구상·집필되었다가 1925년에 완성하여 1926년 9월 다름슈타트에서 초연되었다. 이 시기에 브레히트의 마르크스주의 공부가 시작된 것으로 알려져 있으며 집필과 병행해서 브레히트의 사상 가운데 독자적인 연극관이 형성되어 갔다. 이 시기에 여러 정기간행물에 기고했던 그의 연극에 관한 견해는 정리되지 않은 점도 없지 않으나 그 발전에 기대될 만한 점이 많다.

〈남자는 남자다〉는 브레히트의 희곡 작품으로서는 다섯 번째 작품으로 초기의 마지막 작품이자 작가 브레히트의 제2기 발전기를 가늠케 하는 두 가지 중요한 의미를 지닌다.

〈도시의 정글〉에서 보이는 새로운 연극 형식의 모색과 함께 셰익스피어 시대의 작가 말로의 〈에드워드 2세〉 같은 고전적 양식의 번안을 거쳐 〈남자는 남자다〉를 열한 번에 걸쳐 수정하고 개고하는 사이에

'서사적 연극'이라는 새로운 연극 장르가 구상되기 시작한다.

　그 유명한 정통 연극과 서사적 연극의 대조표는 오페라 〈마하고니 시의 흥망〉의 부록으로 발표되었지만 그것이 성립되기 시작한 것은 〈남자는 남자다〉와 평행 관계에 있다.

　원래 사나이 또는 남자라는 뜻을 지닌 독일어 Mann은 인원수를 헤아릴 때 몇 명이라는 표현으로 쓰인다. 따라서 집단 구성원으로서 인원 교체가 가능한 그룹의 남자, 대원이라는 뜻으로 이 작품에 쓰이고 있다. 인원수만 맞으면 된다는 군대식 발상에 대한 일종의 풍자인 것이다.

　작품 집필에 들어가면서 브레히트는 개성 상실과 물질주의 사조에 물든 현대 문명에 주목한다. 이 무렵 브레히트는 근대적인 리규 극장에서 라인 댄스를 추는 무용수들이 마치 기계의 부품들처럼 자유롭게 교체될 수 있음에 주목하고 있다. 댄서의 교체는 기계의 부품 교환과 별반 다를 것이 없다는 우의(寓意)를 담아 〈남자는 남자다〉의 초고가 성립된다.

　인간의 비개성화는 마르크스적 시각에 의하면 자본주의 사회의 부수 현상으로 인간이 노동력을 팖으로써 스스로 물질화되고 기계화되며 개성과 인격이 파괴되는 것으로 여겨진다. 일꾼은 결국 사용주의 뜻대로 조종되는 기계가 되어 버린다는 관점은 〈남자는 남자다〉의 최종 원고에서 분명해진다. 그러나 초고에서처럼 개성이 없고 전체의 부분인 인간도 공동체의 일원이 되었을 때 처음으로 기능을 수행하며 강자(强者)가 될 수도 있다는 식으로 파악하면 이 작품은 인간의 가변성

　　　　　　　　　　　　　브레히트, 서사극, 낯설게 하기 수법

을 긍정적으로 평가한 것이 되기도 한다.

실제로 교육극에서 보여주는 개성 말살은 그런 방향을 더 심화시킨 것이다. 해체된 인간이 공동체의 일원으로 흡수되어 위험스런 역할을 다하게 된다는 경고와 고발의 뜻이 점차 더 강조되어 나간 것은 이 작품의 성립과 병행해서 나치즘이라는 또 다른 공동체가 점차 세력을 펴나가고 있었기 때문이다.

'막간 격언'이라고 명명된, 작품의 주제를 표현하는 부분에도 원고를 개고하면서 새로 4행 시구가 첨가되었지만 다음 문장에서 괄호로 표시된, 나중에 첨가된 부분과를 비교해보면 그 개작의 과정을 잘 알게 된다.

> 베르톨트 브레히트 씨가 주장한다, '남자는 남자' 일 뿐이라고.
> 그런 주장은 누구라도 한다.
> 그러나 베르톨트 브레히트 씨는 한 사람을 써서
> 무엇이든 마음대로 할 수 있음을 증명해 보인다.
> 오늘 밤 여기서 한 남자가 자동차처럼 해체당하지만
> 당사자는 특별히 잃은 것도 없다.
> 그는 인간적인 교제에 밀려
> 이 세상 흐름에 몸을 맡기고
> 자기 생선을 넘겨 줄 것을 짓궂게 강요받아도
> 별로 언짢아하지도 않았다.
> (그가 어떤 목적으로 해체당해도
> 그는 사용주의 기대에 보답한다.

여러분이 이 남자를 눈여겨보지 않으면

그는 밤새 학살자로 바뀔지도 모른다.)

베르톨트 브레히트 씨는 바란다,

여러분들이 서 있는 땅이 발아래서 눈처럼 녹아 없어진다는 사

실을 알 수 있게 되기를,

중개인 겔리 게이의 일로 여러분들이

이 지상의 사람은 위험하다는 사실을

눈치채게 되기를.

중개인 겔리 게이는 호인이다. 그는 어느 날 아내의 요청으로 시장에 생선을 구입하러 나간다. 아내와의 짧은 대화에서 그는 거의 자기 의지가 없는, '노'라고 말하지 못하는 사람임이 드러난다. 겔리 게이 같은 의식의 백지 상태는 그에게 가해지는 작용이나 교육이나 의식화에 따라 그가 어떤 것으로도 바뀔 수 있는 잠재적 가능성이 있음을 시사하고 있다.

생선을 사러 가던 길에 세 명의 인도 주둔 병사들을 만나게 됨으로써 그의 운명은 뜻하지 않는 방향으로 돌아선다. 그 세 군인은 네 명한 조의 기관총 대원으로서 절에 도적질하러 들어갔다가 그들 가운데한 명이 사고를 쳐서 점호 시간에 결원을 들키게 될까 봐 보충대원 한명을 찾고 있던 중이었다. 사람 좋은 게이는 싫다는 소리도 못하고 가짜 대원이 되어 까다로운 점호를 무사히 통과한다. 그러나 집으로 돌아가던 게이는 군용 코끼리 불하로 돈벌이를 할 수 있다는 꼬임에 다

시 빠져든다. 막간 격언에 이어 계속되는 9장에서 겔리 게이가 변신하여 제라이아 지프 대원이 되어가는 모습이 다섯 개의 넘버링 장면에서 단계적으로 제시된다. 이 해체의 장면은 작품 전체의 요약이라 할 만한 것이다. 그러나 종전의 연극이 보여주는 것처럼 사건의 경과를 순서대로 보여주는 것이 아니라 저마다의 상황을 단계적으로 제시해 나가는 서사극의 기본적 구성을 지니고 있다. 예를 들면 앞 장면의 끝에서 암시된 사건의 경과는 제시되지 않고 다음 장면에서는 벌써 그 결과, 다시 말하면 새로운 상황을 보여주는 이 수법은 무의식적이라 하더라도 뷔히너의 〈보이체크〉 등에서 배운 방법인 것이다. 뷔히너는 보이체크의 아내가 대위와 간통하는 사건 진행은 보여주지 않고 대위가 그녀를 유혹하는 장면 다음에 이미 상당히 두 사람의 관계가 진척된 단계의 다음 장면을 설정하였다. 그런 모델을 전제로 제9장이 이루어진다.

게이의 지프 대원으로의 변신은 이렇게 된다—사기로 불하된 코끼리는 얼렁뚱땅 대충대충의 부품으로 조립된다. 주보 아낙네가 이 장면에서 매수인 노릇을 한다. 엉터리 같은 극중극이 시작된다. No.1에서 코끼리 매매가 이루어지는데 가짜 코끼리를 본 게이는 놀라지만 매수인이 코끼리라고 믿고 있기 때문에 적극적으로 말을 맞춘다. No.2에서는 거래가 성립되어 게이가 매수인인 과부 주보 아낙네한테서 수표를 받자마자 미리 꾸며놓은 대로 대원들이 그를 군용 코끼리 암거래 핑계로 체포해 변소통에다 감금한다. No.3에서는 게이의 재판이 진행된다. 어리둥절한 게이는 지프 대원인 체하는 것이 나을 것 같아서 자기 수염을 자른다. No.4에서 그는 수염을 깎아 변장하려 했다는 혐의로 사형 선고를 받는다. 지프 대원으로의 변신을 완벽하게 하기 위해 대원들은 공포로 게이의 총살형을 집행하고 게이는 놀란 나머지 기절한다. No.5에서는 깨어난 게이가 지프로서의 변신을 완료한다. 그는 시키는 대로 게이의 시신이 담긴 관 앞에서 잠시 주저한 다음 자기 자신이라는 것을 상실하고 스스로 대원 지프로서 게이에 대한 추도 연설을 하며 변신을 완성한다.

이 게이의 불안은 자기 정체(正體)를 찾지 못한 자의 불안이다. 아이덴티티를 상실한 채 타인으로의 이름을 부여받고 호명당하며 집단의 일원이 되었을 때 비로소 그는 처음으로 그 무엇인가가 된 것이다. '혼자일 때는 아직 아무도 아니다'. 혼자인 그는 자기를 확인할 아무것도 지니지 못했다. 겔리 게이는 자기 자신이 겔리 게이라는 것을 식별할 수 없다.

그런 까닭에 게이의 변신은 슈마허(E. Schumacher) 교수가 지적한 것처럼 평범한 시민이 수동적으로 자기도 모르는 사이에 나치스 전체주의에 휩쓸려 들어가 그 조직 속에서 도살자로 바뀌기도 하는, 위험한 과정을 암시적으로 수용하는 행위로 지적되는 것이다.

최종 장면에서 게이의 '집단적 영웅의 성장'을 과시하기 위하여 티베트행 길을 막는 요새 공격에 즈음하여 게이가 용감한 전사로 싸워이 요새를 함락시키는 장면이 나온다. 이제 한 평범한 생선 중개인이 군대라는 조직 속에서 강력한 '인간 전투 기계'로 변신되었음이 입증된 것이다. 이 작품의 부정적인 측면을 강조하기 위하여 개고(改稿)에서는 이 요새에 민간인 7천 명이 피난해 있다는 상황이 첨가되고 또

이 영웅적 행위의 잔인성과 비인간성을 두드러지게 하기 위하여 다음과 같은 구절이 첨가된다.

> 나는 오늘 내 속에
> 원수의 벽을 물어뜯고 싶은 충동을 느끼네.
> 가족 가운데 집안의 일꾼을 뺏어 죽여버리고
> 정복자의 임무를 수행하는
> 그런 원시의 충동 말일세.

서사적 연극의 첫 번째 작품이라고 할 만한 이 작품은 또한 제9장의 극중극의 변신 장면에 나타나듯 연극성이 짙은 코믹한 부분도 많다. 그러나 얼핏 보아도 엎치락뒤치락하는 형식을 지닌 이 코미디가 구체적으로 어떠한 것에 대한 인식을 전달하려는 그 의도는 분명해 보인다.

3) 〈합의에 의한 바덴 교육극(Das badener Lehrstück von Ein-verständnis)〉

제2작품 〈합의에 대한 바덴 교육극〉의 시작이 〈린드버그의 비행〉의 끝부분과 거의 비슷하다는 사실에 주목할 필요가 있다. "우리들 자기의 일도 잊지 않도록 하며/가능한 것과/아직도 이룩되지 않은 것을 분명히 밝혀주었다"고 한 말에서는 전작의 소크라테스적 겸양과는 달리

'아직까지 이룩되지 않은 것'이라는 표현으로 인류에게는 이루지 못할 것이 없다는 뉘앙스가 풍긴다.

그러나 이 작품은 〈대양 횡단비행〉과는 반대로 대양 횡단에 실패하여 추락사한 실재의 비행사 샤를 낭주세(Charles Nungesser) 이야기인 것이다. 그의 실패는 역설적으로 인간에게는 이룰 수 없는 것이 없다는 통찰을 가능케 한다. 막간에는 인류가 한번 성취한 일에 안주하지 말고 끊임없이 그것을 부정하며 발전해나감으로써 성취하지 못한 것에 대한 한없는 도전과 변화를 지속하도록 촉구한다. 이 해명을 위해 설정된 추락한 비행사와의 합의, 곧 그의 납득 양해에 이르는 줄거리는 꽤 난해하다.

이 교육극에서는 추락한 눈게서 비행사와 구면의 정비사, 역사적인 의식을 의인화하는 '학습된 코러스', '이야기꾼', '합창대 지휘자' 등이 등장해서 여기에 '제시된' 추락이라는 실례(實例)를 교재로 삼는다.

먼저 추락한 비행사가 구조를 요청하지만 그에 앞서 합창대는 역사적으로 '인간이 인간을 살려낸 일'이 여태까지 있었던가를 검토한다. 그 결과 인류 문화의 발전이 인간의 구원에 도움이 되지 못하고 오히려 인간 상호간에 소외만을 증대시켰다는 사실이 판명된다. 인간이 인간을 살릴 수 없는 실례로서 '현대에서 인간이 인간을 살육하는 양상'을 증명하는 20장의 사진이 제시되고 그 증거로서 그로테스크한 굿판까지 실연된다. 두 광대가 거인 슈미트를 살린다는 명목으로 그의 손과 발과 머리통마저 잘라내는 이 잔학한 광대극은 수적으로 다수인 프롤레타리아가 소수에 의해 멋대로 착취당하는 모순을 암시한다.

이러한 삽입 장면에 의해 인간은 인간을 구원할 수 없다는 사실이 논증된 다음 합창대가 비행사를 구조하기를 거부하고 이렇게 충고한다—지금의 사회 상태는 분명히 구조를 요청할 만하지만 그 구조 요청을 받아들인다면 구조를 필요로 하지 않는 새로운 사회 실현, 구조 요청이 필요한 낡은 사회의 폐기를 지연시키는 결과를 초래한다. 따라서 자기의 구조 요청을 버리고 그로써 구조 요청이 필요한 사회 그 자체의 폐기를 지향해야 한다. 부분적인 도움은 전체적인 세계의 변혁을 늦춘다는 인식의 설득과 양해를 비행사도 관객도 요청받게 된다.

비행사가 개인적인 구조 요청을 거두고 죽기를 양해함으로써 죽음과의 절충이 다음 과제가 된다. 주석(註釋)에 의하면 죽음과의 합의는 모든 유형무형의 소유욕을 버리고 집착심을 끊을 때 달성된다. 그 주석의 내용이 파악되었는가가 다음 장에서 시험되어 세 명의 정비사들은 합창대의 심문에 대해 마침내 개성과 일체의 집착을 버리고 공동체의 일원으로서 무명(無名)이 되기로 합의하지만 비행사만은 개인의 위업 달성과 명성을 고집한다. 포기를 뜻하는 enteignen과 명사 Enteignung은 소유권을 몰수하고 포기함으로써 일체의 사유물을 공동체의 소유물로 돌린다는 뜻이다. 그러나 비행사는 자기 포기를 하지 못한 상태이다. 그는 공동체 안에서 자기에게 주어졌던 역할을 자기 개인 것으로 고집하고 개인적 영웅주의를 버리지 못한다. 그로써 이 비행사는 더 이상 공동체의 인간으로 간주되지 않는다. 그의 잘못된 생각은 추방된다. 그는 죽어야 하는 것이다. 그러나 죽음에 합의한 다른 세 명의 정비사들은 죽어가면서 개성을 버리고 공동체의 일원이 됨으로써 세계의 변혁을 성취시킨다. "세계를 변혁하고 너희들 자신을 바꾸어라! 너희들 자신을 버려라!"라는 것이 합의에 이른 정비사들에게 주어진 새로운 임무이며 지시이다.

개인이 일체의 개인적 명성이나 집착을 버려서 공동체의 일원이 되어 세계의 변혁에 봉사한다는 형식은 가톨릭교회의 희생적인 죽음의 양해(consensus)에 이르기까지의 과정을 모방한 것이다. 이러한 개성 말살, 개체 포기라는 과제는 이 시기의 브레히트가 인텔리겐치아로서 대결할 필요가 있었던, 다분히 개인적인 부르주아적 개성의 말살 노력과 연계되어 있다. 그런 개인 말살, 개성 포기를 죽음이라는 극단적인 경우와 결합시켜 다룸으로써 죽음이라는 주제가 실존적 과제처럼 클로즈업된 감이 없진 않다. 따라서 브레히트 자신도 "원래는 그다지 이용가치가 없는 죽음이라는 문제에 너무 무게가 실렸음"을 인정한다.

4) 〈예스 맨((Der Jasager)〉과 〈노 맨(Der Neinsager)〉

개인과 공동체의 문제는 이 두 작품에서 더 심도 있게 검토된다. 브레히트가 설정한 줄거리는 다음과 같다. 어떤 마을에 전염병이 돌아 산 너머 마을로 약을 구하러 갈 일행이 구성된다. 교사가 이 험난한 산행길의 리더가 된다. 그가 담임을 맡은 학생의 어머니도 이 병에 걸려 있어서 그 소년도 일행에 참가하겠다고 나선다. 그러나 그는 산행 도중에 병에 걸려 꼼짝할 수가 없게 된다. 자기 때문에 일행이 되돌아가게 되면 전염병에 걸린 마을 전체의 구조를 지연시키게 될 것이다. 소년이 이런 경우 법(관습)에 의하여 버림받는다는 사실을 양해하고 버림받기보다는 계곡에 던져달라고 소망한다. 그때 예스라고 말한 사람들은 진정으로 양해에 이르렀을까, 예스라고 말하면서도 잘못된 양해를 한 것은 아닐까 하는 것이 검토 대상이 되는 것이다.

이 교육극을 브레히트가 '소년 소녀들을 위해' 쓴 것은 학교 연극이라는 영역에 새로운 관객이 태어날 가능성을 생각했기 때문일 것이다. 초고 〈예스 맨〉 대본은 '위험한 산행'이 질병으로 덮친 공동체(마을)를 구하기 위하여 이루어지는 것이 아니라 단순한 연구를 위한 모험 여행이라는 설정이었다. 베를린, 노이쾰른 지구의 칼 마르크스 학교에서 초고 〈예스 맨〉을 상연한 다음 학생들의 앙케트 조사 결과에 의하면 '이 소년의 관습(법)에 따른 예스라는 기계적 대답'에 대한 회의가 많았다. 이러한 불합리한 제물로서의 죽음에 대한 토론이 생김으로써 학생 관객들은 브레히트적인 의미의 비판적 관객으로서 반응한 것이다.

거기에서 단순한 연구 조사 여행이 아니라 소년의 희생적 죽음이 공동체의 위기를 구하는 상황과 대치된 현행의 〈예스 맨〉 대본이 집필되었다. 이 경우의 양해는 관습에 의해서가 아니라 필연성을 알게 된 입장에서 이루어진다. 소년의 '전체를 위한 희생 행위'의 숭고함이 가톨릭 계열의 비평가들에 의해 호의적인 평가를 받았다는 사실은 아이러니컬하다.

브레히트는 더 나아가 〈예스 맨〉의 반대 작품인 〈노 맨〉을 집필하여 〈예스 맨〉과 함께 공연할 계획을 추진하였다. 〈노 맨〉에서는 소년이 관습(법)에 맹종하지 않고 버림받는 것에 대하여 '노(나인)!'라고 대답하며 희생적 죽음을 거부한다. 이런 경우의 상황은 초고처럼 소년의 희생이 마을 전체의 안위와 연결되어 있지 않은 경우이다. 공동체의 복지를 위한다는 필연성이 있으면 개인의 희생적인 자기 포기는 양해되어야 하지만 기계적으로 옛 법이나 규정을 따르는 것은 끝내야 한다는 것이다. 소년은 이렇게 말한다. "전래된 위대한 관습(법)에 대해서 말한다면 나는 그것이 이성적이라고 생각하지 않습니다. 나는 지금 곧 시작하지 않으면 안 될 새로운 위대한 관습(법)을 필요로 합니다. 그것은 우리들 각자가 새로운 사태에 마주칠 때마다 새롭게 생각해나가야 한다는 규율입니다."

5) 〈조치(Die MaBnahme)〉

공동체의 복지라는 필연성이 있다면 개인의 희생적 자기 포기가 양해되어야 한다는 생각을 현실의 정치적 상황으로 보여주는 것이 〈조치〉이다. 이 작품도 새로운 관객 형태의 하나인 베를린 노동자 대합창단 집회에서 아이슬러 작곡에 의해 1930년에 상연되었다.

중국 혁명운동을 위해 모스크바에서 봉천으로 파견된 네 명의 정치 선전원들이 컨트롤 코러스(당 지도부)에게 자기들 활동 보고를 겸해 동지 한 사람을 처형한 사정을 재현한다. 그리하여 당이 판결을 내려달라는 재판극 형식인 〈조치〉에서는 네 명의 정치 선전원들이 서로 각 장면에서의 역할을 교대하며 상황을 설명한다. 코러스는 재연된 상황에 대한 비판의 토의에 참가하여 상황 검토를 한다.

브레히트, 서사극, 낯설게 하기 수법

정치 선전원들이 당 지부에서 소개받은 젊은 동지는 이렇게 자기소개를 한다－내 마음은 혁명을 위해 파도치고 있다. 부정을 보고 나는 전사들의 대열에 참가할 뜻을 세웠다. 인간은 인간을 돕지 않으면 안 된다. 나는 자유 편이다. 인류를 믿는다. 그리고 나는 공산당의 조치에 찬성한다. 당은 착취와 싸우고 무계급사회로의 무지와 싸우고 있기 때문이다.

교육극의 인물들은 도입부에서 자연스럽게 다른 사람으로부터 소개받을 필요가 없다. 젊은 동지의 자기소개에 의해 그가 이상주의적이며 다분히 감상주의적인 정의감에서 당 활동에 참가했음을 우리는 알 수 있다. 그는 당 정치 선전원들과 함께 임무에 들어간다. 일행은 활동에 들어가기 전에 개인 이름을 버리고 얼굴도 버리고 당이 지시하는 역할을 수행하는 대행자가 된다. 활동이 시작되고 젊은 동지의 미숙함과 모험주의적 경향이 드러난다. 쌀 화물선을 끄는 노동자들에게 처우 개선의 요구를 부추길 지하 활동에 들어가면서 그는 쿠리(중국 노동자)가 겪고 있는 고통을 덜어주려다가 정체가 탄로 난다. 공장의 전단 살포에서도 노동자의 체포를 방해하려고 하다가 파업을 불발로 만들고 또 전술로서의 지배계급 사이의 분쟁을 이용해 적대편인 상인의 무기 제공이라는 원조를 요청하는 심부름꾼의 역할을 맡아 그 상인과 회식한다. 그러나 그의 결백성은 아무리 전술 때문이라 하더라도 인간을 값으로밖에 생각하지 못하는 때 묻은 상인과 결부하는 것을 마다한다.

그의 마지막 결정적 오류는 탄압이 심해져 기아 폭동이 일어날 시기에 그 이상의 가난을 묵과할 수 없어서 바로 군대가 주둔하고 있는 병

영을 습격하도록 제안한 것이다. 고전적 이론도 본부의 지령도 이 참 담함을 목도한 그에게는 행동을 방해하는 장애밖에 되지 않는다. 그 는 가면을 벗어 던지고 자기는 가난한 사람들을 구하러 온 아지테이터 (agitator, 정치선전원)라고 소리친다. 그의 정체가 드러나자 동지들은 그를 쓰러뜨려 둘러멘 채 추적자들을 피한다. 쫓긴 그들은 얼굴이 알려 진 젊은 동지를 없애야 한다. 세 명의 정치 선전원들은 앞으로의 활동 을 위해 그를 사살하고 그 시체를 갱도에 내던져 그의 얼굴을 없앨 수 밖에 없음을 일러준다. 젊은 동지는 이 '조치'를 양해한다. 그리고 컨 트롤의 코러스도 그 행동을 승인하는 것이다.

브레히트는 인텔리겐치아로서의 자기가 속한 계급이 빠지기 쉬운 수정주의적 경향에 대해 특히 엄격한 태도를 취하여 당의 절대적 우위 를 받아들이고 특정된 단호한 조치를 학습하기 위하여 이 작품을 집필 하게 되었다고 말한다.

그러나 개성의 말살과 당에 대한 절대 복종의 규율을 죽음이라는 극한 상황으로 이끌었으나 이 작품은 브레히트 작품 가운데 거의 유 일하다 할 정도로 고전적 갈등과 비극성을 지녔다고 평가한 그림(H. Grimm)의 시각에서 우리는 다음과 같은 유추를 해낼 수 있다. 즉 교육 극은 원래 비(非)환상적인 무대의 작품이기 때문에 상식적인 드라마로 서의 비극이 될 수는 없지만 적어도 젊은 동지의 감정적 주관적 이상 주의가 실천 활동에서 장벽과 마주치는 분열상은 도식으로서 이데올 로기의 비극이 될 수 있다는 것이다. 젊은 동지만이 아니라 세 정치 선 전원들도 그를 처형할 때 의무와 휴머니즘의 비극적 모순 앞에 서지 않을 수 없다. 최고의 이념에 봉사하기 위해서는 인간성을 배반하는 수단도 마다할 수 없다는 비극적 설정에서 브레히트는 계급투쟁의 이해를 기준으로 목적이 수단을 승화시킨다는 수법을 쓴다. 목적을 위해서 수단 방법을 가리지 않는다는 이 모럴은 나중에 전혀 다른 설정의 〈갈릴레이의 삶〉 제1초안에서 긍정적으로 수용된다. 갈릴레이를 단죄한 최종 원고는 〈조치〉와는 반대의 결정이 내려지는 셈이다.

이런저런 점으로 〈조치〉는 극히 복합적인 뉘앙스를 지닌 작품으로 1930년 이후는 한 번도 상연되지 못했다.

6) 〈예외와 원칙(Die Ausnahme und die Regel)〉

브레히트 교육극 가운데서 가장 많이, 그리고 성공적으로 상연되는 극이 〈예외와 원칙〉이다. 출판된 것은 1937년이지만 쓰여진 것은 1930년경으로 짐작된다.

이 작품에서 말하는 '원칙'이라는 것은 보편적인 악이나 선의 통용이며 이때 '예외'로 선이나 악은 잘못 오해의 소지가 있다는 것이다. 실제로 악이 원칙으로 통하는 사회에서는 선의라는 예외를 기대해서는 안 된다.

석유 이권 사업을 앞두고 조금이라도 경쟁 상대보다 먼저 목적지에 도달하려는 상인이 사막을 가로질러 무리한 강행군을 해나가며 무거운 짐을 나르는 쿠리를 닦달한다. 쿠리는 부상을 입으면서도 상인의 비정스런 혹사를 견디어내지만 그가 견디어내면 낼수록 그 상인은 쿠리가 자기에게 악심을 먹지 않을까 의구심만 키운다. 그런 의구심은 마침내 야영지에서 상인의 갈증을 달래주려는 선의에서 감추어놓았던 물통을 들고 다가간 쿠리를 사살하게 만든다. 상인은 그가 돌로 자기를 쳐 죽이려고 하는 줄 오해했던 것이다.

재판에 회부된 상인은 쿠리가 가지고 있던 물통이 증거물로 제출됨으로써 자기의 정당방위 논거가 사라졌음을 깨닫게 된다. 그러나 판결은 의외였다. 안내자가 노래하듯 "사람다운 꼴을 보이는 녀석은 덕택에 혼쭐이 난다"는 것이다. 판사의 판결은 그런 상황에서 "쿠리가 주인에게 물을 주려고 했다기보다 물통으로 주인을 때려 죽이려고 했다고 보는 것이 훨씬 신빙성이 있다"는 상인의 견해가 타당하다는 것이다. 쿠리라는 노무자 계급은 자기들이 부당한 처우를 받고 있다고 느끼고 있으므로 압제자에 대해 복수하는 것도 당연하다는 생각을 갖는다. 착취자의 폭력에 대해서 피착취자도 폭력으로 대항하는, '눈에는 눈' 원칙이 타당하고 그럴 때 물을 얻어 마실 수 있다고 선의(예외)를 기대하는 쪽이 바보라는 것이 재판장의 판결 이유이다.

이 작품은 개막 전에 등장 연기자들이 모두 관객에게 자기 견해를 이른바 낯설게 하기 수법으로 보여준다.

> 낯익은 것도 낯선 것처럼
> 당연한 것도 이상한 것처럼
> 원칙조차 묘하구나 생각해주셔요.
> 얼핏 보기에 단순하고 작은 행동도 불신의 눈으로 보고

필요한지 어쩐지를 잘 살펴주셔요.

보통 일이라면 더욱더 그래.

특히 부탁하고 싶은 것은 언제나

생기는 일이라도 당연하다고는 생각하지 마시기를.

생각해봐요, 어떤 것도 바뀌지 않는 것이 없다고 믿는 이상

당연한 일이라는 게 있을 수 없지요.

이런 피에 저런 혼란의 시대에는

무질서가 질서정연하고

하고 싶은 대로 하는 것이 계획적이며

인간이 비인간이 되어버린 이 시대에는.

7) 〈호라티우스 사람들과 쿠리아티우스 사람들(Die Horatier und Kuriatier)〉

브레히트의 교육극으로 간주되는 마지막 작품 〈호라티우스와 쿠리아티우스〉만은 그가 덴마크에 머물던 1934년경에 쓰여진 것으로 추정되는 까닭에 브레히트 망명기의 작품이라 할 수 있다. 이야기는 로마 건국 에피소드에서 따온 것이다.

호라티우스 가문과 쿠리아티우스 가문에서 각각 세 사람씩 대표자가 되어 싸우게 되었다. 호라티우스 사람들 가운데 두 사람은 죽었고 쿠리아티우스 쪽은 두 사람이 부상했을 뿐이라 당연히 호라티우스 쪽의 패색이 짙어질 수밖에 없었다.

마지막 남은 호라티우스 사람은 세 명의 쿠리아티우스 사람들을 상

대로 싸워 이길 궁리를 하다가 전속력으로 달아나기 시작했다. 상처를 입은 두 적군이 쫓아오지 못하는 것을 확인하고 그는 한 사람씩 쿠리아티우스 사람들과 싸워 마침내 세 사람을 다 쓰러뜨렸다.

브레히트는 이 에피소드에서 쿠리아티우스 도시국가의 호라티우스 도시국가 침략전쟁을 가상하여 수적으로 열세인 호라티우스 사람들이 승리를 얻기까지의 전황을 극중에서 보고하는 형식을 취한다. 창을 든 군대라든가 활을 든 군대 등은 사령관으로 등장하는 배우 한 사람에 의해 연기되고 그가 지휘하는 군단 수는 등에 꽂은 깃발에 의해, 그리고 패배한 군단은 깃발을 버림으로써 패배를 나타낸다. 이러한 연극적 간략화는 브레히트가 중국 연극 기법에서 배운 것이다. 이즈음에 집필된 「중국 배우술 각서(Bemerkungen ber die chinesisiche Schauspielkunst)」(1936)가 이 작품의 배경이 된다 할 것이다. 이 교육극에서 그가 의도했던 것은 '여러 가지로 변해가는 상황에 맞추어 변화하는 작전 양식의 모델 케이스'를 배우는 것이었다.

마이어(H. Meyer) 교수는 교육극을 쓰기 시작했을 때의 브레히트에게는 자기의 새로운 지식을 가르치려 하는 경향이 있었음을 지적하고 브레히트가 나중에 교육극이란 연기자들의 학습도 함께 의도하고 있다고 말하게 된 것은 그런 초기의 태도에 대한 반성에서 나온 것이 아닐까 추론하기도 한다.

나중에 완성기의 희곡을 써낸 브레히트는 연극을 즐거움이라고 규정하고 '가르친다는 것조차도 연극에서 부당하게 기대해서는 안 된다'고 「연극을 위한 작은 사고 원리(Kleine Prganon für das Theater)」에서 말

브레히트, 서사극, 낯설게 하기 수법

할 수 있게 된다. 어느 쪽이든 그 교육적 기능과 형태에서 예수회의 교단극과도 비교되는 브레히트의 6편의 교육극은 교육과 오락의 총체가 어울어지는 망명시대 걸작의 탄생 직전에 이루어진 것으로 그의 이념, 지향점, 의도가 어떤 식으로 전개되고 확산되고 지양되어 갔는가를 살피는 데 극히 흥미로운 대상들이다.

3. 중기 작품

1) 〈마하고니 시의 흥망(Aufstieg und Fall der Stadt Mahagonny)〉

1927년, 그러니까 〈서푼짜리 오페라〉가 성공하기 전에 브레히트는 이 오페라의 전편이라 할 수 있는 〈작은 마하고니〉를 바덴바덴 음악제에서 발표하였다.

사랑까지 돈에 의해서 계산되는 자본주의의 금권적 성격이 허구의 아메리카를 배경으로 그려지고 있는 이 작품은 자본주의 사회의 거짓됨을 폭로하는 사회 비판적인 측면보다는 허무주의나 냉소주의가 더 드러나 있다. 그러나 도발이라는 측면에서 말하면 그 파괴력은 〈서푼짜리 오페라〉보다 더 강력한 셈이다.

고전적 상류계층의 오페라를 역설적으로 꼬집는 방법과 양식의 〈서푼짜리 오페라〉가 '역설적으로' 흥행적 성공을 가져온 데 반하여 〈마하고니 시의 흥망〉의 라이프치히 초연은 극장 소동이 일어나 도발의 목적은 꽤 달성된 것으로 보인다.

　자본주의를 뜯어먹고 사는 세 사람, 마네저의 윌리와 삼위일체의 모제, 바의 마담 벡비크가 골드 러시의 황금 해안을 찾아오는 도중에 땀 흘려 일하기도 싫고 그렇다고 쫓기는 몸이라 돌아갈 수도 없는 처지들이라서 도시를 건설하여 줄을 쳐놓고 일확천금을 노리는 작자들로부터 돈을 짜내기로 계획을 꾸민다. 도시의 중앙에 '부자들의 호텔'이 세워진다. 황금의 도시 앨라배마에 세계 각지에서 뜨내기들이 몰려든다. 7년 동안 알래스카에서 고생한 끝에 달러 지폐를 가득히 셔츠 밑에 채우게 된 네 사람의 벌목꾼 가운데 파울 악커만은 오페라 악보에서는 〈남자는 남자다〉에서 등장하는 인물과 같은 이름의 짐 마호니이다. 그가 친구 야콥, 하인리히, 요셉과 함께 이 도시의 문명(치빌리스)의 향기에 흘려 온다. 이 문명이라는 치빌리스(Zivilis)는 매독이라는 지필리스(Syphilis)를 얽어 놓은 말장난이다.

　그들 일행은 부두에서 벡비크 아줌마에 붙들려 아가씨들을 배당받는다. 이 도시를 초조히 떠나는 사람들을 보며 그들은 의아해하지만 파울은 자기에게 맡겨진 제니와 사랑의 대화를 나눈다. 그러나 파울에게 휴식과 친목이 넘치는 마하고니 시도 마침내 차츰 권태로워진다. 바의 테이블에 쓰여 있는 '무엇 무엇 금지'라는 쪽지도 마음에 걸린다. 마침 그때 사나운 허리케인이 엄습한다는 소식으로 도시 주민들은 공포의 도가니에 빠져든다. 무대 배경에서는 사나운 태풍의 위력에 갈팡질팡하는 군중들과 기도 소리들이 들린다.

　그런 공포의 순간에 파울의 머리를 스친 생각은 인간이 지닌 행복의 실체이다. 조금이라도 금지라든가 규율이 있으면 행복은 사라진다. 가능한 한 마음대로 무엇이든 할 수 있어야 한다면 사람들은 행복해질 것이다. 그것이 이 도시의 슬로건이 되어야 하고 그 전제 조건은 가능한 한, 돈으로 지불되어야 한다는 것이다. 이기주의를 바탕으로 하는 부르주아적 개인주의를 극단적으로 왜곡(데포르메)하는 이 신조, 곧 '무엇을 해도 좋다'는 모토가 태풍을 면한 마하고니 시의 정책이 된다.

> 첫째로 잊지 말아야 할 것은 탐식,
> 둘째로 알아둘 것은 사랑,
> 셋째로 복싱도 잊지 말아라.
> 넷째는 통음이라고 규약에 적혔어.
> 무엇보다도 먼저 알아둘 일은
> 여기서는 무엇이든 해도 된다는 거야.

마하고니 시의 이 4대 행사, 실컷 배 터지게 먹고 마시고 사랑하고 권투하는 장면들이 보여진다. 무대의 짓거리가 배경에 투영된다. 카스파 네어의 그로테스크한 그림에 의해 그 장면들이 확대 투사되는 것이다.

'탐식' 장면에서는 먹보인 야콥이 고기를 너무 먹어 숨을 거둔다. 굶어서 죽는 사람들을 생각하면 이것 또한 확실한 도발이다. '사랑'의 장면에서는 섹스의 매매를 위해 창녀들 방 앞에 장사진을 친 남자들이라든지 거래가 끝날 때마다 점멸하는 전깃불로 극히 즉물적으로 묘사되었다. 이와 대조적으로 '사랑하는 두 사람'이라는 이중창은 서정시 가운데서도 가장 아름답다는 3운율(Terzine, 단테의 신곡처럼 3행 1절을 이루는 이탈리아식 시형)로 파울과 제니가 파트를 나누어 부르도록 되어 있다. 사랑하는 두 사람은 구름 가운데 날아가는 두 마리의 학으로 자신들을 동화시켜 노래한다.

그러나 이 사랑도 기계화된 세계에 삽입된 잠시의 도피에 지나지 못한다. 사랑의 영원성이나 순수성, 무상(無償)성 등은 다시 부정되고 마하고니 시의 남정네들이 부르는 '무엇이든 해도 좋다'의 합창이 울려 퍼진다.

'싸움'의 장면에서는 알래스카 조라 불렸던 요셉이 삼위일체의 모제에게 권투 시합을 도전하여 죽는다. 그의 친구들인 하인리히라든지 파울은 처음부터 승패가 확실한 이 싸움에서 친구에게 돈을 걸 정도로 인정이 많지 않다. 권투 링을 무대 위에 설정한다는 발상은 브레히트의 스포츠 취미에서 나온 것이겠지만 그것은 나중에 무대 위의 '약속의 무대'라는 사고방식으로 발전해나간다.

연이은 '통음'의 장면에서는 파울이 제니와 하인리히 등 패거리들에게 크게 한잔 사고 난 다음 벡비크에게서 지불 청구를 당하는 장면이다. 무일푼인 그는 당구대와 당구 큐를 배로 가상하여 패거리들과 함께 알래스카 출항의 즉흥극을 시작한다. 자본주의적 흥정의 세계에서 달아나고 싶은 그의 소망은 허구의 드라마 속에서나 가능하다. 즉흥극 속에서 폭풍과 파도를 넘어 배가 알래스카에 닿자마자 그는 마신 것만큼 돈을 내라는 목소리에 의해 꿈을 깨어야 한다. 돈을 지불할 수 없는

브레히트, 서사극, 낯설게 하기 수법

그는 자기가 발의했던 규칙에 따라 체포된다. 하인리히도 그를 대신해 주지 않고 제니도 "만약 누군가가 걷어차인다고 한다면 차는 쪽은 나, 차이는 쪽은 그대"라는 이기적인 노래로 "사람은 누구나 자기 자신이 이웃"이라고 가르치며 그에게 등을 돌린다.

마하고니 시의 법을 위반한 그는 연행된다. 재판 장면에서는 모제가 검사 노릇을 하고 파울과 함께 살인 혐의로 구속된 히긴즈라는 남자의 재판이 동시에 진행된다. 히긴즈는 구형 직전에 뇌물로 무죄가 된다. 죽은 피해자가 고발을 하지 않기 때문이라는 것이다. 그에 반하여 위스키 값 미불과 당구 큐를 부러뜨린 것뿐인 파울은 뇌물로 먹일 돈을 빌릴 수가 없어서 전기의자에 앉힐 판이다.

히긴즈의 재판이 시작될 때 모제는 이렇게 선언한다.

> 이 같은 잔인
> 무도한 짓거리는
> 일찍이 듣지도 보지도 못했다.
> 온갖 인간적 감정을
> 후안무치하게 짓이겨놓는다.
> 손상된 정의의 마음은
> 벌을 내리기 위해 소리 지른다.

히긴즈의 죄에 대한 분노로서는 자연스럽게 들리는 이 정의의 소리도 기껏해야 무전취식의 파울이 저지른 죄의 고발에 다시 사용되면 그 효과가 '낯설어진다'. 말하자면 대사에 의한 이화(異化) 효과로서 브레히트는 이 같은 되풀이 수법의 낯설게 하기 효과를 만들어낸다.

사형 선고에 대하여 파울은 하나님을 끌어내어 항의하고 다시 극중 극으로 신의 부재(不在)를 증명한다. 마하고니 시에 오신 하나님은 이곳 시민들의 지옥행을 선고하지만 이 땅에서 이미 지옥을 살고 있는 주민들은 지옥에 못 가겠다고 막무가내이다. 작품 〈사천의 착한 사람〉과 연결되는, 신의 강림이라는 아이디어는 스트린드베리의 〈꿈의 연극〉과 맺어진다. 파울은 돈으로 살 수 있는 쾌락이나 자유는 이미 쾌락이나 자유가 아님에도 불구하고 그것을 돈으로 살 수 있다고 생각해서 마하고니 시로 들어 왔으므로 이미 자기의 파멸은 결정되어 있었다고 깨닫는다. 그는 처형된다.

파울의 사형은 당치 않다고 생각하는 사람들은 많았지만 아무도 그를 위해서 돈을 내지 않는다. 돈에 대한 애착과 존경이 그만큼 큰 것이다. 파울의 파멸과 함께 예고되는 마하고니 시의 멸망은 금전이 끝없는 힘과 지배력을 갖는 사회의 멸망을 뜻한다. 그러나 그 뜻을 이해하는 시민은 아무도 없다. 그냥 마하고니 시의 이념에 연연하는 그들은 '사유재산 찬성', '자산의 불공정한 분배 찬성' 등의 표지판을 들고 불타는 도시를 행진하며 파울의 시체를 능욕한다.

이 작품의 주석(註釋)에서 브레히트는 고전적 오페라를 개선하기 위하여 오페라를 상품으로 팔고 있는 모든 극장 기구(機構) 가운데 결국은 오페라 이외의 아무것도 아닌 이 도발적 오페라를 통해 기구의 뿌리 자체를 번복시키는 작업을 시작했음을 암시적으로 전한다.

이 오페라는 장엄하고 화려한 모습으로 낡은 가지(토대라고 해도 된다)를 타고 앉아 뻐기고 있지만 그러나 이미 자기가 타고 앉은 가지에 톱질을 하고 있다.

말하자면 자기가 자기 발목을 흔들고 있다는 것이다. 이러한 전략이라 할까, 책략이라 할 수법들은 브레히트가 도발에서 학습으로 방향 전환을 하기 시작하는 중간기 자세로서 우리의 흥미를 끈다. 교육극의 시도는 바로 〈작은 마하고니〉와 〈마하고니 시의 흥망〉 최종 원고 중간 시기에 시작되고 있기 때문이다.

2) 〈서푼짜리 오페라(Die Dreigroschenoper)〉

브레히트와 작곡가 바일이 손을 잡은 음악극 〈서푼짜리 오페라〉는 1928년 8월 28일 베를린 쉬프바우어담 극장에서 초연의 막을 올려 1년 이상 장기 공연함으로써 브레히트의 이름을 세계적 명성으로 휩싸이게 하였다.

이 음악극이라는 장르는 이미 막스 라인하르트가 〈빅토리아〉, 브로드웨이 연극 〈아티스트들〉 등을 노래가 있는 연극으로 만들려고 했다는 점에서, 또한 당대의 일류 극작가 게오르크 카이저의 리뷰 형식 대본 〈두 개의 넥타이〉, 바일이 작곡한 〈차르의 사진〉 등이 선구적 시도였다. 작곡가 슈프리안스키의 리뷰 형식 연극 〈공중에 떠돌다〉는 셰퍼 작시, "하늘에 떠도는 즉물주의"라는 가사로 한 시즌을 풍자하는 유행을 낳기도 했다. 문학 동호인들의 발표장에서 빠지지 않는 샹송은 프랑스의 풍류와는 상관없이 시사적이며 사회적 풍자성이 강한 짤막한 노래로 불려져, 반세속적인 양식으로 브레히트의, 이른바 '노래(song)'와 깊이 관련된다.

〈남자는 남자다〉에서도 이미 브레히트는 테마 송으로서 〈나비부인〉을 따온 적이 있을 정도로 기성 오페라 곡을 노래(송)에 끼어 넣는 방법을 써서 희작(戲作), 패러디화를 시도하였다. 그렇게 음악극이라는 새로운 장르가 시대적 추세로 성장해 나오던 1920년 영국 런던의 리릭 시어터가 존 게이의 〈거지 오페라〉를 상연하여 크게 성공하였다. 브레히트는 그 번역본을 입수하였다. 때마침 쉬프바우어담 극장을 새로 인수하여 초연 작품을 물색하고 있던 극장 경영자가 브레히트에게 정식으로 작품 의뢰를 함으로써 〈서푼짜리 오페라〉가 계획보다 빨리 완성되어 에리히 엥겔과의 공동 연출로 막이 오르게 된 것이다.

원작 〈거지 오페라〉는 200년 전인 1728년 역사적인 초연을 가졌다. 당시의 사회풍자 기능만 하더라도 아주 효과적이었으며 극장 공연에 대한 검열 제도가 이 작품 상연으로 시작되었다. 당시 영국은 월폴의 장기 집권으로 관청이 그의 수족이었고 그만큼 정계는 부패해 있었다. 작가 게이는 도적과 거지, 창녀들이 득실거리는 뒷골목 풍경을 무대에 올려 천민 계층의 삶도 상류사회의 삶과 별로 다를 것이 없다는 것을 보여주려 했던 것이다. 사교계의 귀부인들도 '거지들의 친구' 상사 주인인 피첨의 아내 셀리아와 마찬가지로 주정뱅이에다 성적으로 게걸스럽다. 이른바 숙녀들이 부모의 손에 의해 정계라든지 사직 당국, 재

<서푼짜리 오페라>의 공연 장면(Drama SNG v Ljubljani, 1961)
(©arhiv SNG Drama Ljubljana at Wikipedia.org)

벌들과의 흥정에 이용당하듯 거지왕 피첨의 딸 폴리의 경우도 마찬가
지이다. 월폴 수상은 거지왕 피첨과 비슷하고 경찰청장 브라운과도 닮
았다. 그가 이 공연을 보기 위해 극장에 왔을 때 그에 대한 상징과 풍
자와 해학이 무대에서 연출될 때마다 관객들이 귀빈석에 앉은 수상
을 올려다보았다는 것이다. 검열 시행은 일종의 보복이었다. 궁중 중
심으로 신화라든가 고대 영웅을 다루는 헨델의 오페라라든지 장엄한
이탈리아식 바로크 오페라와 맞서는 <거지 오페라>는 오페라 사상 아
주 새로운 장르의 음악극 탄생을 뜻하는 것이었다. 역사적으로 위대
한 인물의 감동 대신에 일상용어, 비속어 등을 구사하여 대중가요 같
은 속요(俗謠)에다 고전 오페라의 패러디적 요소를 많이 집어넣은 참

신한 음악으로 당시의 사회를 부각시킨 곳에 〈거지 오페라〉의 참신한 맛이 있었다. 이 작품의 성공으로 '발라드 오페라'라는 새로운 형식이 유행되고 필딩이나 스위프트 같은 작가들이 신랄한 풍자 작품을 쓰게 되는 계기가 주어졌으며 헨델이 오페라 작곡에서 멀어지게 된 원인이 되었다.

〈거지 오페라〉에 나오는 도적들의 두목 맥키드는 브레히트가 좋아하는 범법자로 당시 암흑가의 왕자라고 일컬어지던 조나단 와일드라든지, 존 셰퍼드의 면모를 가진, 학대받는 민중들의 꿈을 실현시키는 낭만적인 의적(義賊)의 히로이즘을 대변한다. 브레히트의 맥키드는 전혀 성격이 다르다. 이 도적떼의 두목에게 부르주아적인 모습을 입힌 것이 브레히트 개작의 포인트였다. 브레히트가 〈서푼짜리 오페라〉에서 제시하려고 했던 '부르주아=도둑'이라는 공식은 도둑의 두목 맥키드가 바로 부르주아에 다름 아니다라는 사실에서 역으로 귀납되지 않으면 안 되기 때문이다. 그런 까닭에 브레히트는 주석에서 이렇게 말한다.

　　도둑 맥키드는 소시민적인 풍채로 연기해야 한다. 부르주아 계급이 도둑편을 드는 것은 도둑과 부르주아가 별종의 인종이라고 오해하고 있기 때문이다. 이 오해는 또 다른 오해를 불러일으킨다…… 부르주아는 도둑이 아니라는 오해이다.

이런 전제들은 부르주아들이 낭만적인 의적 이야기를 남의 일로 생각해 오락으로서 즐기지 못하도록 하기 위한 조치인 것이다. 브레히트의 맥키드는 현대의 부르주아들의 비행이 공공연하게 드러나지 않는 것처럼 이 비행의 주인공은 피에 젖은 손을 부드럽게 손질된 가죽장갑 아래 감추고 아주 신사인 것처럼 세상을 활보하고 다닌다. 〈서푼짜리 오페라〉는 바로 그런 합법화된 악행을 폭로하기 위하여 원작의 연대를 현대와 가까운 1880년대로 옮긴다. 작가는 도둑 맥키드의 부르주아적인 모습을 세밀히 강화시키는 수법을 쓴다.

〈서푼짜리 오페라〉의 흥행 성공은 바로 비판의 상대자인 소시민계층 자체가 이 냉소적인 도발에 전혀 아픔을 통감하지 못한 채 그 퇴폐적인 분위기를 즐기는 데 그 원인이 있다. 프랑스 혁명 전후에 〈피가로의 결혼〉이 성공한 것도 극중에서 통렬한 풍자와 공격의 표적이 되었던 귀족계급이 자기들 스스로 그렇게 놀림감이 되어 있다는 사실을 즐거워할 만큼 썩어 있었기 때문이라고 한다. 〈서푼짜리 오페라〉에서는 혁명적 점화 같은 실제적 효과 대신에 자본주의 말기 현상으로 파악되는 퇴폐와, 경제 위기 다음에 온 것이 나치스의 지배였다.

〈서푼짜리 오페라〉의 성공은 바일의 작곡에 귀착되는 점이 많다. 고전적 오페라에 대한 공격으로 시도된 브레히트와 바일 콤비의 노래(송)들은 환상 파괴의 방법으로 쓰인 음악의 센티멘털리즘에 관객들을 안주해버리게 한다. 소시민들의 감상주의를 극단적으로 비꼬고 기존의 형식을 역용하거나 고의로 닳고 닳은 멜로드라마적인 말을 써서 퇴폐성을 더욱 과장하기도 하는 대사와 음악은 처음부터 관객의 각성과 비판 의식을 위해 서사적 기법, 즉 '거리'를 지닌 객관화를 시도하였고 그렇게 센티멘털리즘의 쑥스러움과 덧없음을 부각시켜 관객의 비판 의식을 돋우려 한 작가의 의도는 어긋나고 대부분의 관객은 그냥 그 감상주의에 안주해버렸다.

물론 〈해적 제니의 노래〉처럼 혁명적인 위험한 사상을 폭약처럼 안고 있으면서도 로맨틱한 외피로 싸서 관객들을 그냥 즐겁게 하는 노래 (송)도 있다. 멸시받으며 비참한 삶을 살면서 언제인가 약혼자가 나타나 주변의 모든 사람들에게 이보란 듯이 살 것을 꿈꾸는 소녀의 설정은 낭만적이다. 그러나 항구의 술집 구석에서 술잔이나 씻으며 제니가 기다리는 것은 이 항구도시를 파괴하며 약탈해 가는 해적들의 습격이다. 그날이 오면 해적의 약혼자 제니는 그때까지의 굴욕적인 삶의 복수를 하기 위해 해적들에게 지시하여 모든 시민들의 목을 자를 것이다. 이 묵시적인 극단주의도 엽기적인 해적 이야기에 대한 관심으로 관점이 바뀔 수 있고 그렇게 되면 극단주의조차 유효한 것이 아니라는 사실을 간과해서는 안 된다.

소시민성은 맥키드만이 아니라 원작자 게이의 작품에서는 장물아비에 지나지 않는 피첨에게도 전이되어 있다. 브레히트의 작품에서는 피첨이 거지 사업을 기업화한 뒷골목의 우두머리가 된다. 그는 부르주아적으로 기른 딸 폴리가 악명 높은 맥키드에게 유혹당한 것을 알고 격노한다. 맥키드 대 피첨이 벌이는 런던 소호 거리의 싸움은 자본주의 장사꾼들 사이의 가차 없는 비정한 싸움, 전방의 전쟁을 방불케 하는 생존경쟁을 보여준다. 피첨은 맥키드를 밀고하지만 경찰청장 타이거 브라운은 인도 식민지 전쟁 시절 그의 친구였다. 그의 딸 루시도 맥키

브레히트, 서사극, 낯설게 하기 수법

드에게 유혹된다. 두 아가씨의 사랑의 대상이 된 맥키드는 비정하지만 범법자라기보다는 부르주아적 생활 태도를 신조로 삼는 사나이이다. 그가 다른 정부 제니의 배반으로 두 번째로 체포당하는 것도 정기적으로 창녀굴을 방문하는 소시민적 관습 때문이다. 우정 때문에 맥키드를 체포하기 힘든 타이거는 피첨에게 거지들의 데모로 인해 여왕의 대관식을 방해하겠다고 위협당하고 있어 의무상 그를 체포하지 않을 수 없는 패러디적 갈등에 쫓겨 눈물을 질질 흘린다. 그러나 대단원은 고전 오페라의 해피 엔드로 마무리된다. 여왕이 보낸 사자의 등장으로 교수대에 오른 맥키드는 특사를 받고 귀족이 되어 연금까지 받게 되는 것이다.

이런 스토리를 빌려 기성 도덕은 철저하게 공격되고 조롱당한다. "먼저 먹는 것, 윤리도덕은 그 다음에"라는 슬로건과 미덕의 무의미함을 말하는 〈솔로몬의 노래〉 등이 그 대표적인 것이다.

〈서푼짜리 오페라〉를 영화화하자는 이야기가 나오면서 맥키드가 도둑질에서 손 떼고 실제로 은행장이 되는 것으로 소시민=도둑의 등식이 더 구체화된다. 이 개고(改稿)는 영화화를 담당했던 네로 영화사에서 수리되지 않아 유명한 '서푼짜리 소송'으로 발전한다. 브레히트는 이 아이디어를 발전시킨 〈서푼짜리 소설〉을 쓴다. 초연 때 연출을 담당했던 엥겔은 1960년의 재연 때 〈서푼짜리 소설〉의 주제를 살리려고 노력했으나 실패한다. 마지막 부분의 해피엔딩을 전쟁 범죄자가 다시 사면을 받아 요직을 차지하는 상황 정도로 손질할 수밖에 없었다. 브레히트가 죽기 직전에 밀라노에서 공연된 〈서푼짜리 오페라〉(1956)의 연출가 스트렐레러는 마지막 코러스, "탄식이 울려 퍼지는 이 골짜기의 어둠과 싸늘함을 생각하라"라는 말을 브레히트의 제안에 의해 "인류의 운명인 이 어둠의 싸늘함을 생각하라"로 바꾸었다고 한다. 그만큼 작가에게 있어서 꾸준한 개작은 그의 삶이 끝날 때까지의 작업이 아닐 수 없었던 것이다.

3) 〈에미(Die Mutter)〉

1930년에 완성된 고리키의 『어머니』 번안 작품과 〈도살장의 성 요한나〉를 통해 브레히트는 개인의 운명을 역사적인 여러 상황에서 포착하고 그 실례를 모델로 제시하여 비판한다는 식으로 작품을 꾸민다. 모델의 제시와 비판이라는 교육극의 시도를 이 두 작품을 통해 그는 보다 구체적인 드라마의 기승전결에 실으면서 개인적 운명을 그려 보겠다는 것이다. 그만큼 줄거리의 형성에 재미를 주면서 개인의 운명이 개인의 체험만이 아니라 역사적인 상황에서 어떻게 조응하는가 하는 태도와 자세의 실제를 제시하여 비판 과정을 겪게 하고자 하는 것이다. 교육극이 극장 무대에서가 아니라 강당에서 행해진다면 이 〈에미〉와 〈도살장의 성 요한나〉에서는 프로시니엄 무대 안에서 일어나는 극적인 줄거리 진행과 줄거리 관찰 부분이 분리되어 있다.

도대체 무얼 할 수 있겠어, 내가. 노동자의 과부이고 노동자의 에미인 펠라게아 블라소바가. 나는 동전 한푼이라도 세 번을 들

쳤다 놓았다 해요. 이렇게 하면 어떨까, 저렇게 하면 어떨까 생각
하면서. 땔감도 웃거리도 절약해요. 그래도 모자라거든요. 빠져
나갈 길은 전혀 없어요.

가난한 공장 노무자의 아내로서 그녀가 인생에서 얻은 것이 있다면
물질적인 빈곤은 어떻게 해볼 수 없다는 체념이다. 그런 에미가 끝내
이렇게 말할 수 있게 된다.

아직 얼마든지 할 일이 많아요, 나 노동자의 과부이며 노동자
의 에미인 펠라게아 블라소바는. 훨씬 전에는 아들놈 배 터지게
먹이지 못하는 것을 전전긍긍하며 바라만 보고 있었을 때에 나는
그저 괴로워할 따름이었어요. 그래봤자 아무것도 달라질 건 없는
데. 그러던 중에 나는 자식놈 임금 투쟁을 도와주게 되었지요. 그
무렵에는 임금 올리기의 조그만 파업을 했는데 지금은 탄약 공장
의 대규모 파업이라거나 국가 권력과 싸우는 투쟁을 하고 있어
요.

"도대체 무얼 할 수 있단 말인가"라는 첫머리에 나온 체념과 소극성
과 수동적 자세로부터 종장의 1917년 노동절 보고서에서 "하지 않으
면 안 될 일이 산적해 있는" 에미로 변신하는 과정을 그려낸 〈에미〉에
서 브레히트는 1905년까지를 다룬 원작의 시기를 1917년까지로 연장
시킨다.

에미는 처음 아들 자식과 그 동지들의 정치 활동을 봉건적인 회의의

눈으로 바라본다. 그녀의 상식에 의하면 공장이 공장주인 것이라면 임금도 그가 마음대로 정할 수 있는 것으로 보인다. 자기 소유인 책상을 자기 마음대로 다루어도 좋은 것처럼. 그러나 이런 잘못된 건전한 상식을 가지고 있음으로써 그녀는 소유라는 개념의 구별을 알게 되는 것이다. 사회주의 공산주의는 그녀에 있어서 이론적인 강령(綱領)이 아니라 여태까지 어쩔 수가 없다고 견디어 나온 쓰라린 생활을 바꿀 수 있는 실체로서 파악된다. 그녀 속에서 지식욕이 생기는 것은 그때부터이다. 블라소바는 지식 따위는 쓰잘 데 없는 것이라고 생각하는 교사나 아들의 동지들에게 읽고 쓰기를 가르쳐달라고 간청한다. 교사는 쓸모 없는 것으로 알았던 지식이라는 단순 소유물을 억지로 제공해달라고 강요당함으로써 자기의 지식이 노동자 해방을 위해 유용성을 갖는다는 사실에 눈뜬다. 인텔리인 까닭에 이론을 가볍게 여기던 그가 역으로 유용성에 눈을 뜨게 됨으로써 점차 사회주의로 마음을 돌린다. 그것이 소박한 한 에미 펠라게아가 이룩해낸 선용의 힘인 것이다. 그녀의 말에 의하면 이데올로기는 단순한 것인데 오직 행하는 것만이 어렵다. 이렇게 해서 한 어머니로서 아들이 걱정스러워 시작된 그녀의 혁명적 행동은 커다란 스케일을 갖는 공산주의의 권력 획득 과정으로 이어진다. 1931년에 이 작품을 썼을 때 브레히트는 개작 번안에 대해서 다음과 같이 노래했다.

내가 동지 고리키의 책과 많은
프롤레타리아 동지들의

일상의 투쟁 이야기를 따서

희곡 〈에미〉를 썼을 때

나는 바로 단도직입적으로 간결한 어투로

위대한 인물의 언행을 보고하듯

깔끔한 대사를 쓰고

내 인물들의 짓거리를 가려냈다.

힘을 다하여

업신여김을 당하는 살림살이에서 얼마든지 생기고 언제나 낯

익어 보이는 일들 가운데

많은 내용을 품고 있는 사건을

역사적 조건으로 표현하였네.

이 작품이 온갖 간섭을 견디어내며 상연된 것은 나치스 정권이 성립
되기 전 해인 1932년이었다. 이 무렵에 발표된 교육극과 마찬가지로
당에 대한 절대적 신뢰는, 예를 들면 자리에 누웠던 그녀가 "당이 위태
롭다"라는 소리에 거리로 뛰쳐나가는 장면 등에도 뚜렷이 드러난다.
자연스러움 때문에 정치적 선동일 수도 있을 이 작품이 전후 베를린
공연 때에는 교조주의 측의 비난을 받았다. 사회주의 리얼리즘의 금과
옥조인 "모델 상황에 있어서의 모델 성격"이 공격의 근거로 쓰였다는
것은 브레히트의 실례(實例)라는 생각을 전혀 이해하지 못하고 있음을
말해 준다. 이 작품은 "역사적으로 오류이며 정치적으로 유해하다"고
비난되고 1914년에 "당이 위태로웠던" 상황도 없었다는 식으로 역사
적 부정확성이 비판된다. 그러나 스탈린 전제 시대의 교조주의도 마침

내 브레히트 연극이 갖는 가능성을 인정하게 된 것은 그의 작품이 형식주의보다 리얼리즘에 입각해 있음이 증명되었기 때문일 것이다.

〈에미〉는 브레히트 작품 가운데 적극적이고 행동적인 주인공이라고 말할 수 있다. 그러나 그녀는 처음부터 혁명적 여성으로 등장하는 것이 아니라 수동에서 능동으로, 소극성에서 적극성으로의 과정을 밟는다. 나중에 나온 〈억척어멈과 그 자식들〉의 억척어멈은 극중에서 달라지지 않는 인물이지만 수동적 상황 속에서 경험상 무엇인가 '알고' 있다. 문제는 그 아는 방법이며 교활한 민중적 지혜의 사용 방법이다. 블라소바와 억척어멈의 차이는 부정적 긍정적 차이뿐이라고도 말할 수 있을 것이다.

4) 〈도살장의 성 요한나(Die heilige Johanna der Schlachthöfe)〉

구세군의 여성 사관인 요한나 다르크가 시카고 정육공장 노동자들에게 종교적 위안을 주기 위해 전도 사업에 나선다. 그러나 그들의 가난에 놀라 그 가난의 장본인인 대부 '고기왕' 몰러를 전도하기 위해 그에게 면담을 요청한다.

왕과 면담하는 자리에서 왕을 알아본 성처녀 잔 다르크 이야기의 패러디로 요한나는 사람들 사이에 숨어 있던 몰러를 찾아서 알아본다. 그는 '피에 젖은 얼굴'이었던 것이다.

도살장의 망나니 몰러 사장은 구세군 처녀 요한나의 천진함에 밀린다. 그러나 요한나에 대한 그의 호의는 한편 계산에 의한 것일 수도 있다. 몰러가 요한나의 요청에 따라 생산 과잉으로 통조림 수요가 없어 쩔쩔매는 가축업자들의 가축들을 모두 사들이겠다는, 자선 행위 같은 거래를 하는 것도 관세 철폐로 수요가 급격히 늘어나리라는 정보를 얻고 있기 때문이었다. 그렇다고 그를 단순히 냉혹한 계산가로 간주하면 그에 대한 매력이 반감된다. 양심의 보상을 받는다는 의도가 없는 것은 아니지만 요한나에 대한 호의, 혹은 약점은 자연스러운 것으로서, 그것이 우연히 기업가로서의 계산과 맞아 떨어졌다고 보는 것이 타당하다. 그의 비정스러움과 인정미가 얽히고설키며 '두 영혼'의 혼재와 같은 모순이 제멋대로 불거져 나와 웃음을 자아내게 하는 것이다.

이 현대의 파우스트는 요한나에게서 느끼는 '다른 세계의 숨결'에 흔들리며 종교적 높이와 낮은 거리 사이를 헤매다가 마침내 종교와 자본주의가 손을 잡는 근사한 통일점을 찾아낸다. 몰러가 패러디화된 파우스트라면 메피스토펠레스 같은 역할을 담당하는 것은 그의 심복인 고기 중개인 슬리프트이다. 그는 몰러의 명령으로 요한나에게 가난뱅이들의 고약한 심보를 실제로 보여준다. 그러나 그녀가 본 것은 '가난뱅이들의 가난'이었다. 브레히트는 그렇게 말의 되풀이를 통해 상황을 강조한다. "인내를 인내하지 말라"는 브레히트적 어법은 일종의 강조화법인 것이다.

브레히트는 즐겨 룸펜 프롤레타리아트들과 그들의 천격, 비열함, 거칢 등을 그리고 있다고 욕먹지만 그 자체에 악센트를 두지는 않는다. 브레히트가 〈도살장의 성 요한나〉에서 가난뱅이들의 빈곤을 드러내는 것은 그들에 대한 도덕적 낮춤이라기보다 선의를 버리지 않으면 살아남을 수 없는 상황으로 그들을 몰아간 가난을 제시하려는 의도인 것이다. 빈곤의 묘사는 가난을 아주 철저하게 구상화시키는 수단이다. 요한나도 몰러의 의도에서 벗어나 거기에서 가난을 발견했다. 〈사천의 착한 사람〉에서 셴 테가 보인 가난뱅이들의 조악스러움에 대한 반응과 같은 것이다.

구세군 요한나는 이런 가난한 민중들 속으로 들어가 주식시장에도 영향을 행사하며 마침내 몰러를 개심시켰다고 생각한다. 그녀는 가난한 자들을 빌미로 그들에게 위안을 주겠노라고 교회에 원조를 신청한 통조림 업자를 마치 교회에서 악덕 상인들을 내쫓은 예수 그리스도처럼 분노에 떨며 내쫓는다. 그 탓으로 그녀 자신이 구세군에서 쫓겨난다.

요한나는 몰러에게 등을 돌려 노동쟁의에 들어간 도살장의 노동자들 편에 선다. 그러나 휴업 지령문을 건네주기로 약속한 그녀는 노동자들이 폭력 사용을 추구하는 소리에 충격을 받아 위임된 휴업 지령문 전달 사업을 다하지 못한다. 폭력 사용에 대한 주저가 바로 요한나의 행동 한계이다. 그것은 어쩌면 당시의 지식계급들의 한계일지도 모른다. 그녀가 주저한 까닭에 쟁의와 파업은 무산된다. 책임감을 견디지 못해 그녀는 눈 속에 쓰러진다. 그런 가운데 '어둠 속에 있는' 사람들의 장면과 교체하며 주식시장의 상황이 제시된다. 경쟁자를 가차없이 몰아붙이는 몰러의 강경책은 모든 업자들을 파산시키고 정육업계도 폐쇄된다. 몰러는 자기 목을 조른 결과가 되었으나 쟁의·파업의 무산과 금융가의 충고에 따라 몰러를 회장으로 하는 제육(猪肉)트러스트(기업합동)가 설립된다. 착취자들 사이의 연합이 이루어진 것이다. 몰러는 노동자들에게 마약과 같은 종교적 위안을 줄 것을 조건으로 교회에 원조를 약속한다. 죽어가는 요한나가 들것에 실려 들어온다. 그녀는 자기의 인식을 말하기 시작한다. 교회는 우리 사회의 비참함에 대한 구원이 되지 못한다. 그녀는 도살장에서 밤을 지새우면서 전사가 된 자기를 꿈꾼다. 그것이 그녀 인식의 계기였지만 자기 꿈을 실현시키기에 현실은 너무 냉엄하다. "사람이 사는 곳에서는 사람만이 구원이며 폭력이 있는 곳에서는 폭력만이 구원"이라는 그녀의 절규는 그녀의 인식과 각성을 반영한 것이다. 그러나 이 진실의 목소리는 의도적으로 부르는 할렐루야의 합창 소리에 지워진다.

'도살장의 성 요한나'는 성녀 반열에 오르며 죽는다. 그녀의 인식은 전달되지 못한 채 오히려 성녀의 반열에 오름으로써 앞으로 교회가 행할 자본주의에의 봉사를 위한 모델 케이스가 되어 버린다.

〈도살장의 성 요한나〉에는 차츰 명확한 형태를 취하기 시작한 서사적 연극의 장면들에 대한 형식적 실험도 들어 있다. 이 무렵 브레히트는 하우프트만 여사에게 종래의 연극에서는 그려낼 수 없었던 밀 분배 같은 세계 경제의 법칙도 다룰 수 있는 연극 형식을 만들어내고 싶다고 피력했다. 그런 가운데 1929년의 월 가(街)의 주가 폭락이 발단이 된 세계 경제공황이 확대되어 자본주의 제3기 현상이 일어난 시기에 시카고 도살장의 주식시장이라는 작은 모델을 놓고 자본주의 사회의 기구와 그 움직임의 법칙성, 개개 사항의 연관성 등을 제시해보려는 것이 브레히트의 의도였다.

이런 시도에 대해 '형식주의'라는 비판이 나올 것을 예측한 그는 이 작품이 리얼리스틱하다고 주장한다−현대 사회기구와 같은 복잡한 소재는 종래의 이른바 리얼한 표현 방법으로는 파악하기 어렵다. 현실의 다양성을 잡아내기 위해서 쓰여지는 양식화는 변증법이 없는 단순한 양식화와 추상화와는 다른 것이다. 다면적인 의미가 파악되지 않는 양식화만이 현실 이반(離反)이 된다.

이 작품에서 브레히트가 시도한 두드러진 패러디 기법 가운데는 고전적 문체의 패러디가 있다. 고상한 고전 문체를 엉뚱한 곳에 사용함으로써 내용과 형식의 대조를 뚜렷이 하고 그로 인하여 숨겨지고 감추어져서 연관성을 밝힐 수 없는 현상을 캐리커처처럼 폭로해나가는 것이 이 패러디의 역할이다. 예를 들면 통조림 고기왕 몰러가 처음 등장할 때 그는 독일 고전극의 대표 형식인 5각억양조(五脚抑揚調)를 쓰며 고전극의 주인공 같은 포즈로 말한다(우리말 번역에서는 그런 품격이 드러날 수는 없고 내용만이 전달될 뿐이다).

> 알고 있나 크라이들, 이삼일 전이었지.
> 우리 둘이 도살장을 거닐던 밤을−
> 아직 새 것인 도살기계 곁으로 지나갔었지.
> 블론드 빛깔의 큰 소가 물끄러미 하늘을 보며
> 서 있는데 일격을 맞고 쓰러졌던 그때는
> 내가 얻어맞은 기분이었어. 아 크라이들,
> 우리들의 장사란 피비린내가 나지.

브레히트, 서사극, 낯설게 하기 수법

이 부분에서 수천 명의 노동자들을 거리로 헤매게 만드는 정육업계의 대부 피어퐁 몰러가 소에 대해서는 인간적인 동정을 보여주는 기업가적 위선이 폭로된다. 이 문체는 뒤에 숨은 사실을 숨기려고 하면서 언어의 내용과 형식의 심한 모순 때문에 숨기려고 하는 사실이 역설적으로 드러나버리는 기법이 된다. 시대 역행적이면서 내용을 빼버리면 공허한 느낌이 들게 된다고 뒤에 브레히트가 규정한 블랑크 페어스도 사용된다. 고전 가운데에서는 특히 실러, 괴테의 파우스트, 횔덜린이 소재로 쓰인다. 문체만이 아니라 어구까지 패러디화된 것은 주식시장의 주가 하락 보고에 쓰인 횔덜린의 「운명의 노래」이다.

> 그러나 우리는
> 어느 땅에서도 안식의 운명을 얻지 못하네.
> 고뇌하는 인간은
> 떨며 떨어진다.
> 단애(斷崖)에서 단애로
> 시시각각
> 곧바로 바닥 없는 수연(水淵)으로
> 몇 해나 떨어져가는
> 물처럼 떨어져 내리네. '운명의 노래'

> 말하자면 주가는
> 첫 상장에서 다음 상장으로 옮겨가는 사이에
> 시시각각 폭락하는

운명이라네.
단애에서 단애로
바닥 없는 수연을 향해
떨어져 가는
물처럼 폭락했네.

　구세군의 요한나는 물론 실러의 잔 다르크 연극 〈오를레앙의 처녀〉에서 소재를 빌려왔지만 줄거리 진행은 평행하지 않는다. 이 연극의 의도는 경제공황기의 자본주의적 경제구조를 제시하면서 요한나의 인식을 연극으로 묶는 것이었다. 드라마 자체는 허구의 모델이기 때문에 상식적인 의미의 리얼리티가 부족한 것은 사실이다. 시카고 도살장의 가난한 환경은 업턴 싱클레어(1878~1968)의 사회주의 소설 『정글』에서 차용하고 있지만 1906년에 완성된 이 소설의 도살장 현실은 경제공황기(1929)에는 이미 없었던 것이다. 그러나 그런 경제적 환경 속으로 옮겨진 착취자들끼리의 분쟁이라거나 파업 실패의 상황 등은 액추얼한 것이다.

　1933년 다름슈타트 주립극장에서 상연 준비 중이었던 이 작품은 시의회에 의해 금지되었고 전후에 이르기까지 상연되지 못하였다. 브레히트의 망명이 시작되기 직전이었다.

　　　　　　　　　　　　　　브레히트, 서사극, 낯설게 하기 수법

5) 〈공 대가리와 송곳 대가리(Die Rundköpfe und die Spitzköpfe)〉

망명의 땅 덴마크에서 초연된(1936) 이 작품의 초고는 이미 망명 이전에 탈고되어 있었다. 원래 이 작품은 민중 무대의 연출가 베르거의 요청에 의해 시작된 셰익스피어 원작 〈자에는 자로〉의 번안 작품으로 쓰여질 예정이었다. 그러나 나치스가 정권을 장악한 사정을 반영하고 또 유대인 박해의 이론적 근거인 인종 논리를 조소하며 거기에다 나치스의 세력이 확대되어가는 까닭도 집어넣는다는 액추얼한 수순에 의해 원작과 꽤 거리가 먼 작품이 되었다. 처음에는 원제목에다 '소금의 과제'라는 부제가 붙는 정도였다가 〈공 대가리와 송곳 대가리〉라는 제목으로 바뀌고 '부자는 서로 즐겨 사귄다'라는 부제가 붙게 되었다. 전자는 당시의 인종 이론, 후자는 거시적 계급투쟁이라는 이 작품의 두 가지 테마가 뚜렷해진 것이다. 결과론이 되는 것이지만 액추얼한 사건을 마르크스레닌주의적인 척도로 해결하려 한 것이 이 작품의 흐름을 흔들리게 했다고 말할 수 있다.

이 작품에는 두 개의 원고가 남아 있다. 초고의 무대는 남미 페루의 리마 시이지만 그것은 가공의 장소이다. 다시 쓴 개고의 무대는 『걸리버 여행기』의 야후를 연상시키는 야호국의 루마 시로 되어 있다. 남미의 최고 지도자는 본국 스페인 왕에게 복속한다는 의미에서 부왕(副王)이라고 불린다. 이 허구의 나라에는 공 대가리(추허인=아리아인)와 송곳 대가리(치허인=유대인)의 두 인종이 있다. 농업국인 이 나라에 계급투쟁이 심해져 공산당에 해당되는 큰낫당이 농민을 중심으로

하는 혁명 세력으로 등장한다. 지주들을 중심으로 한 보수 세력은 이 반란을 진압하기 위하여 히틀러에 해당되는 앙겔로 이베린에게 정권을 맡겨 큰낫당을 무너뜨린다. 이베린은 계급의식에 눈뜨는 농민들의 지배계급에 대한 증오를 인종 이론으로 스위치시켜 빈부의 차이가 발생하는 원인을 모든 치허인(유대인)의 음모와 결합시킨다. 국가사회주의를 내거는 나치스가 소시민층이나 농민에 이르는 넓은 대중성을 획득하여 보수 세력으로부터 정권을 탈취한 내막이 비유적이고 우화적으로 묘사된다.

그러나 그 다음의 전개 과정이 현실과는 다른 것이다. 이베린은 부왕으로부터 전권을 이양받아 새롭게 총통으로 취임한다. 강력한 친위대를 가진 이베린이 인종 이론에 의한 소작인 계급의 분열을 유도하고 큰낫당을 진압한 다음 자기의 이상을 더 추진시켜 송곳 대가리(유대인)의 대지주들도 처형하려는 단계에 이르자 부왕은 국방군을 장악하여 제2차 무혈 쿠데타를 일으켜 이베린으로 하여금 인종 이론 따위는 무시하고 종래의 지배 체제에 휘어 들어오도록 압력을 넣는다. 이베린은 어쩔 수 없이 자본주의의 주구 노릇을 택한다. 그에게는 앞으로 일어날 다른 나라와의 침략전쟁에서 그가 맡아야 할 과제가 남아 있다.

셰익스피어 원작의 줄거리는 어느 정도 남아 있다. 〈자에는 자로〉에서는 비엔나의 대공(大公)이 정무를 총독에게 맡기고 민정 시찰에 나선다. 권력의 대행자가 된 총독은 엄격히 법을 시행한다. 법에 걸린 오빠를 구하기 위하여 이사벨라는 총독의 수청을 들어야 하지만 일찍이 총독에게 버림을 받은 여자를 가짜로 써서 그 자리를 모면한다. 끝으로

브레히트, 서사극, 낯설게 하기 수법

대공이 돌아와 모든 사건은 해결된다. 〈공 대가리와 송곳 대가리〉의 부왕은 대공으로, 총독은 이베린으로, 가짜 바꿔치기의 플롯은 그대로 차용되어 인종 문제와 계급투쟁적 시각이 주어진다.

공 대가리의 소작인 칼라스는 송곳 대가리의 지주 데 구스만에게 착취당할 대로 착취당하고 딸 나나도 지주에게 정조를 유린당한 채 이제는 창녀가 되어 있다. 농민들은 무거운 소작료를 견디다 못하여 혁명적인 큰낫당 아래 모인다. 마침 그때 이베린이 권좌에 오르고 데 구스만은 이베린 휘하의 모자 타격대의 모자 검열에 걸린다. 모자를 벗겨 송곳 대가리임이 밝혀지면 수용소로 보내는 그들에게 걸려 재판에 회부되고 치허인 주제에 추허인의 딸 나나가 대신 능욕했다는 죄명으로 사형 언도를 받는다. 이 판결에 용기를 얻은 칼라스는 큰낫당의 반란구에서 벗어나 이베린의 정책에 기대를 건다. 칼라스는 세를 믿고 지주의 말을 약탈하지만 처벌 대신에 추허족의 영웅으로 떠받들어진다. 그런 한편 사형 선고를 받은 지주인 오빠를 살리기 위해 수녀원에서 수녀 생활을 하던 누이동생 이자벨라는 나치스의 강제수용소를 연상시키는 수용소장에게 몸을 바쳐야 한다. 초고에서는 셰익스피어의 원작에 가깝게 이베린에게 순결을 바치게 되어 있던 것이 그만큼 달라진 것이다. 세상 물정을 전혀 모르는 그녀는 이런 남녀의 거래에 경험이 있는 소꿉친구인 나나를 찾아가 궁리를 모색한다. 나나가 몸을 담고 있는 창녀 카페 여주인이 계략을 써서 가짜 이자벨라로 나나를 수용소장에게 수청 들게 만든다.

칼라스가 기대했던 것처럼 이베린은 모든 지주들을 다 추방하지는 않는다. 큰낫당이 무너지자 이베린의 일당들은 점차 지주계급과 손잡은 구지배층의 주구 노릇을 하게 되어 그들의 본성을 드러낸다. 지주인 데 구스만은 반란을 일으킨 큰낫당과 함께 처형되게 되어 있었으나 구지배세력이 복귀하게 되면 특사를 받으리라는 소식을 듣고 칼라스는 소작료를 감면받는다는 조건으로 송곳 대가리 지주 오빠의 가짜 행세를 해서 처형대까지만 형식적으로 걸어 나가기로 약속한다. 공 대가리 농부의 애비와 딸은 뜻하지 않게 송곳 대가리 지주의 오누이 행세를 하게 된 것이다. 눈뜨지 못한 룸펜 프롤레타리아 역할을 하는 칼라스는 이베린이 말하는 치허 민족의 고결성이 얼마나 덧없는 것인가를 증명하는 살아 있는 증인이다.

이 가짜 바꿔치기 코미디를 폭로하는 것이 이베린보다 정치 술수가 한 수 위인 부왕이자 섭정의 역할이다.

지배자들은 자국 국민들을 써서 전쟁을 할 때는 다른 나라 국민들을 미워하도록 가르치지만 그 국민들이 혁명을 일으키면 적대 관계의 지배자들끼리 손을 잡고 국민 탄압에 협조하는 법이다. 이러한 도식이 〈공 대가리와 송곳 대가리〉에서는 국내의 혁명 분자들을 일소한 부왕에 의해 또다시 국민들을 침략전쟁에 동원할 수 있는 수법으로 바뀐다. 이베린은 반(反)치허(유대)적인 이론을 버리고 바다 건너편에 사는 네모꼴 대가리 종족과의 다가올 전쟁에 대비해야 한다. 그럴 때는 소작료를 갚을 수 없는 칼라스와 같은 농민은 그 전쟁의 소모품인 군인이 되는 길만 남게 되는 것이다.

초고의 끝 부분에서는 농민들의 저항이 큰낫당의 진압 이후에도 계

브레히트, 서사극, 낯설게 하기 수법

속된다는 사실을 암시하기 위하여 "그렇잖으면 어쩌다 비가 아래에서 위로 내릴 수도 있을까" 하는 부왕의 한마디로 맺어지는 데 비하여 최종 원고는 궁정의 벽에 누가 썼는지도 모르는 빨간 큰 낫이 그려져 지배계급이 다시 공포에 사로잡히는 순간 사형대에 오르는 농부들의 "농부들아 일어나라!"라는 노랫소리가 울려 퍼져 보다 뚜렷한 해결책이 주어진다.

'낯설게 하기'라는 그 유명한 용어, Verfremdung(이화 · 소격화)이 쓰인 것은 이 작품이 처음이었다. 낯설게 하다, 소격케 하다와 비슷한 뜻으로 쓰이는 헤벤(heben)의 과거분사 게호벤(gehoben)은 문체에 쓰일 때는 '고답적'이라는 뜻도 된다. 이화 · 소격화는 당연히 문체에도 연관되어 이 드라마의 제8장을 위해서는 엘리자베스 시대의 대사 문체와 연기 양식을 취하도록 권장되어 있다.

나중에 크게 수정되고 발전되어 나간 '낯설게 하기'의 기법은 여기에서는 아직 형식적인 셈이다. 이러한 형식적인 부분은 현대의 우화인 '잔인한 메르헨(Ein Greuel—märchen)'의 성격상 꽤 많이 눈에 띈다. 공 대가리와 송곳 대가리를 뚜렷이 시각화하기 위하여 모든 배우들은 머리 모양을 과장한 모자를 쓴다. 송곳 대가리는 공 대가리보다 적어도 15센티미터는 높아야 한다는 지시도 부여된다. 서막에서는 극장 지배인이 등장하여 이베린, 칼라스, 데 구스만, 나나, 이자벨라 등을 연기하는 배우에게 의상과 모자를 나누어주고 앞으로 일어날 사건 내용을 설명한다. 이런 형식은 고대인도 연극의 형식을 채용한 것으로 앞으로 전개되는 연극은 모두 굿거리라는 약속마저 그 굿거리 속에 포함시켜

버리는 역할을 한다. 종래의 환상·착각(Illusion) 연극과 뚜렷한 거리를 두기 위해 이 우의(寓意)극에 서막 형식을 사용했다는 점을 주목할 필요가 있다. 그리고 극장 지배인이 배우들에게 주는 의상은 빈부의 차이를, 모자(마스크)는 머리 모양, 즉 인종의 차를 나타낸다. 이 두 개의 척도가 이 작품의 문제가 되는 셈이지만 브레히트는 이미 서막에서 인종의 차이보다 빈부의 차이 쪽이 더 중요하다는, 계급투쟁 우선의 견해를 표명하였다. 그 점이 시사적인 유대인 박해에 대한 어필로서는 이 작품의 의미를 잃게 한 원인이 되는 것이다. 그런 한편 파시즘의 발생과 자본주의를 분명히 연관시키려는 작가의 자세 그 자체는 보다 거시적인 눈으로 수용할 만한 것이다.

6) 〈제3제국의 공포와 비참(Furcht und Elend des Dritten Reiches)〉

〈둥근 대가리와 송곳 대가리〉의 개작과 거의 비슷한 시기에 브레히트는 아주 리얼한 양식으로 나치스가 집권한 제3제국에서의 일상적 사건들을 극화해 나갔다. 그 전제주의 체제 아래 생기는 일상적인 사건들을 낯설게 만드는 에피소드식 구성으로 24편을 묶어낸 것이 이 작품이다.

독일에서 흘러나오는 여러 갈래의 리포트라든지 신문기사들을 자료로 사용하면서 그는 히틀러 치하에 살고 있는 여러 계층의 독일인들의 생활 양상을 제시한다. 그것들은 작은 풍경, 촌극 형식, 1막물 체제 등 1938년까지 서른 개 정도로 불어났지만 처음부터 그런 신(scene)들을 번호로 묶어 제3제국의 전모를 부각시킬 계획은 아니었다.

　초판 〈제3제국의 공포와 비참〉(1938년판)에는 27편이 들어 있었으나 그 가운데서 '선거', '새옷', '가스에 유효한 것은 없다'는 다음 판에서 빠졌고 비인간성과 잔학성을 풍자한 '감정의 짜깁기'는 인쇄되지 않았다. 파시즘을 직접적으로 공격하는 무기로서 집필된 까닭에 이 작품과 〈카라르 아낙네의 총〉은 브레히트 작품으로는 드물게 '시사문제극'(Zeitstück)인 셈이다.

　소재를 가지고 이 24편의 에피소드들을 분류해보면 나치스 치하의 지식층들이나 소시민들의 정치적 무능, 무위(無爲), 좌절 그리고 히틀러에 대한 영합적 자세를 다룬 것이 꽤 된다.

　〈공 대가리와 송곳 대가리〉에서는 허구의 틀 안에서 취급되었던 유대인 문제가 여기에서는 리얼하게 묘사된다. '유대인 태생의 아내'편에서는 의사의 아내인 유대인 여성이 남편에게 화를 입힐까 두려워하여 자발적으로 영원한 생이별의 망명길에 오를 결심을 한다. 어떤 방책도 없는 심약한 인텔리 남편은 아무런 눈치도 못 챈 양 시치미를 떼고 작별을 고한다. '법의 발견'이란 제목의 에피소드에서는 유대인 상점에 침입하여 약탈극을 벌인 나치스 돌격대원의 재판에서 나치스에 선동된 군중의 압력이 두려워 공정한 재판을 하지 못하는 법조인들을 다룬다. 히틀러 유겐트의 교육을 받은 자기 자식에게 고발될까 두려워하는 고교 선생의 집안을 다룬 '스파이', 유대인이 주장하는 이론의 오류를 증명하기 위하여 애쓰는 '물리학자', '직업병' 등에서 브레히트는 비판적이기는 하지만 어떠한 저항도 하지 못한 인텔리들의 성격을 부각시킨다.

'백묵의 십자가', '취업 알선', '국민투표', '석방자'들이 독일 노동자들의 자세를 다룬 것이라면 그들의 부정적인 측면이 강조된 것은 지식 계층에 대한 비판과 마찬가지이지만 노동자 계층이 가진 교활한 생활의 지혜는 인텔리에 비하여 훨씬 끈질긴 것으로 나타난다. '백묵의 십자가'에 등장하는 말수가 적은 노동자는 히틀러 정권에 대한 비판을 교묘하게 위장할 줄 알지만 그 정도가 그의 한계일 뿐이다. 그의 본심을 알아내려고 돌격대원이 거리에서 나치스를 비판하는 사람 흉내를 내보라고 한다. 몇 번이나 신중히 다짐을 받은 끝에 노동자는 겨우 경계심을 풀어 '나치스 비판자'의 역할을 맡아 '백성의 소리' 같은 통렬한 나치스 비판을 해댄다. 마지막으로 요주의 인물에 대한 나치스의 언론 통제 방식에 겁을 집어먹은 그는 큰 소리로 '하일 히틀러!'라고 경례를 붙이고 인사도 하는 둥 마는 둥 사라진다. 이러한 충성심 검사 방법은 그러나 엉뚱하게도 돌격대원의 약혼녀인 하녀로 하여금 처음으로 자기가 놓여 있는 상황의 무서움을 인식케 만든다. '취업 알선'에 나오는 노동자는 겨우 차지한 취직 자리에 매달려 자형이 파시즘의 제물이 되어 죽었다는 사실을 알게 되어도 어쩔 수 없다고 체념한다. 그의 무기력을 견디다 못한 누나가 어쩔 수 있는 짓거리나 해보라고 소리친다.

파시즘과 저항하기 위하여 쓴 이 작품은 좌절, 패배, 타협 등 그렇게 되어서는 안 될 장면들을 관객에게 제시하여 그 역(逆)반응을 기대한다. 노동계급의 저항운동이 지닌 잠재력을 포지티브(positive)한 모습으

브레히트, 서사극, 낯설게 하기 수법

로 제시한 것이 스물네 장면의 마지막 부분인 '국민투표'이다. 나치스는 군대가 빈에 주둔하게 된 날 그 거리를 내다보며 창에다 위장의 하켄크로이츠 깃발을 내건 어떤 방에서 저항의 덧없음과 절망과 좌절을 이야기하던 노동운동 동지들은 옥중에서 마지막 처형 전에 보낸 죽은 친구의 편지에 의해 끌 수 없는 저항의 등불을 다시 켠다.

7) 〈카라르 아낙네의 총(Die Gewehre der Frau Carrar)〉

브레히트 작품에서는 드물게 적극적인 삶의 방식을 보여주는 것이 단막극 〈카라르 아낙네의 총〉이다. 이 희곡은 스페인 시민전쟁을 정면에서 다룬 것으로 1937년 파리 망명 중인 독일인 극단 상연을 위해 쓰여졌다. 파시스트들이 프랑코 장군에 대한 노골적 원조를 개시했을 때 양심적 작가들이 반파시스트 운동에 참가한 가운데 브레히트도 붓으로 이 운동에 동참한 것이다.

모든 자식들을 바다에서 잃은 어머니의 비극인 아일랜드의 작가 싱(John Millington Synge)의 『바다로 가는 기수(騎手)』의 플롯을 차용하여 브레히트는 시민전쟁에는 일체 관계하지 않고 반파시즘 운동에 참가하려는 자식들을 말리느라 정신이 없는 한 어부의 아낙네의 변신을 다룬다. 남편을 내전의 싸움에서 잃은 경험에서 가난뱅이 아낙네가 얻은 지혜는 절대로 싸움에 나가지 않은 채 이 전쟁 가운데 어떻게든 살아남는 것이다. 그런 가운데 예상하지도 못한 사건이 일어난다. 마을 사람들의 비웃음을 받으면서도 민병대 집회에 나가지도 않고 고기 잡으러 나갔던 장남인 판이 정지 명령도 받지 않은 채 놈들의 총격을 받아 죽었던 것이다. 이유는 단지 다 떨어진 모자를 쓰고 있었기 때문이었다. 모자 때문에 적으로 간주된 것이다. 카라르 아낙네는 페드로에게 총을 넘겨주고 판 대신에 자기도 작은아들과 함께 전선에 나갈 것을 결심한다.

이 작품은 아리스토텔레스적인 감정이입 연극으로서도 상연이 가능하다. 카라르 아낙네의 변신이 종막에서 생길 뿐 아니라 드라마로서 열린 형식이 아니고 노래(송)라든지 극적 흐름의 중단도 없다. 이로써 브레히트는 정통적인 극적 희곡 작품을 쓸 수 있는 능력을 충분히 보여주었다고 할 수 있다. 그 이후로 계속되는 '서사적' 희곡과 '극적' 희곡의 통일을 보여주는 완성기 작품 직전에 놓인 〈카라르 아낙네의 총〉은 그러한 점에서도 주목받을 만하다.

그러나 이 희곡이 집필된 시기는 사회주의의 문학에 있어서 고전의 계승과 형식주의 비판이 일어나 톨스토이라든지 발작 등을 모범으로 삼아야 한다는 사회주의 리얼리즘이 목소리를 높이던 시기로 브레히트 자신이 루카치 등을 의식하며 그 반박 논문이라 할 「리얼리즘의 넓이와 다양성」을 발표했던 시기이다. 어쩌다 〈카라르 아낙네의 총〉은 사회주의 리얼리즘의 연극적 틀 속에는 드는 것 같지만 이 경우에도 정치적 유효성의 요청, 독일인들의 혼성 극단에 의한 상연이라는 사정이 이념에 앞서 작용했을 것이다. 스웨덴 상연을 위해 브레히트는 스페인 시민전쟁의 내막을 잘 모르는 북구의 관객들을 위해 이 작품의 프롤로그를 써서 〈카라르 아낙네의 총〉 드라마 전체를 큰 틀 속에 집

브레히트, 서사극, 낯설게 하기 수법

어넣을 계획을 세운 것을 봐도 사정은 명백하다.

브레히트의 완성기의 걸작 〈억척어멈과 그 자식들〉은 카라르 없이는 생각할 수 없다. 자식을 전쟁에 뺏기지 않으려는 본능적 모성애와 그 수단으로서의 중립주의는 아주 닮았다. 자식들을 다 뺏긴다는 설정에서 보면 〈억척어멈과 그 자식들〉 쪽이 싱의 플롯에 가깝다 할 것이다. 두 작품 사이에서 커다란 차이점이 있다면 카라르 아낙네가 바뀐다는 사실인데 그녀의 변신이 보통의 경향극보다 훨씬 리얼리티가 있는 것은 그녀의 변신 전에 보여주는 생활신조에 〈억척어멈과 그 자식들〉 같은 모성이 충분히 묘사되어 있기 때문이다. 카라르 아낙네는 시민군들의 해방전쟁에 참가하는 식으로 변신해갔지만 높은 양반들의 이권 싸움이라 할 종교전쟁에 협력하는 것으로 억척어멈은 변신할 수가 없다. 그녀는 말할 것도 없이 전쟁 반대로 바뀌는 것이다. '억척어멈'은 참가의 책임을 문책받아야 하고 '카라르 아낙네'는 불참가의 책임을 문책당한다. 카라르 아낙네가 신조로 삼는 절대적 중립주의라든지 결코 악인으로 묘사되어 있지 않는 사제의 평화주의는 당시 불간섭주의를 주창하여 파시즘이 날뛰도록 허용한 영국 등 자유주의 진영에 대한 비난을 담고 있으며 이 불간섭주의적 태도가 결과적으로 협력과 같은 의미를 갖는다는 사실을 강조하려 한 것이다.

4. 망명기, 그리고 완성기의 작품들

브레히트 연대기에서 보면 그의 작품 형성사가 시기적으로 들쑥날쑥하여 반드시 어느 작품이 연대적으로 앞선다거나 뒤진다고 단적으로 표현하기가 어렵다. 초고(草稿)에서 재고, 삼고, 개작으로 넘어가는 과정에 다른 작품들의 착상과 집필이 개입되어 들어오기 때문이다. 망명기에 완성된 작품도 있으나 그것도 계속하여 개고(改稿), 개작(改作)되어 나중에 결정판으로 남게 되기까지 상당한 변모를 이루게 되고 다시 상연까지 긴 시간이 걸린 작품도 많다. 양식적으로는 1920년대 교육극에 해당되지만 집필 시기는 꽤 나중(1933/34년)인 〈호라티우스 사람들과 쿠리아티우스 사람들〉도 있고 망명기 착상이 나중 베를린 활동기에 꽃을 피운 경우도 있다. 몽상극 〈시몬 마샤르의 환각(Die Gesichte der Simone Machard)〉은 1942/43년에 포이히트방어와의 공동 집필로 그의 소설 『시몬』이 희곡의 소재가 된 것이다. 〈제2차 세계대전의 슈베이크(Schweyk im zweiten Weltkrieg)〉 같은 경우는 1927년 당시 정치 연극을 제창하며 각종 기기를 활용한 대규모 극장 공연으로 센세이션을 일으킨 에르빈 피스카토르의 영향이 이어진 작품이다. 체코의 작가 하셰크의 소설 『졸병 슈베이크의 모험』을 극화한 피스카토르의 전설적인 공연에 젊은 브레히트도 협력팀이었다. 바보 같으면서 어떤 난관도 쉽게 넘어가는 반(反)영웅 슈베이크를 브레히트는 제2차 세계대전의 나치스 지배하의 체코에 되살린다. 원작 슈베이크의 특징인 요설도 그대로 살리며 권력에 대한 저항의 한 양식으로 어리석은 단순성의 유모어를 강조하는 슈베이크의 타협은 어쩌면 민중적 교활성의 다른 일면일런지도 모를 일이다.

〈루쿨루스 심판(Das Verhör des Lukullus)〉은 1940년 집필이며 초연은 1950년이었다. 루쿨루스는 로마의 용감한 장군이었다. 여러 도시를 침략하여 로마를 살찌게 한 루쿨루스의 명성은 원정군으로 이역에서 죽어간 숱한 병사들의 피로 이루어진 것이다. 역사는 이런 영웅들의 이름만 새겨놓고 있다. 왕권과 상류층의 역사에 의해 이름이 남은 영웅 루쿨루스 장군은 다른 세계의 가치관으로서는 어떻게 평가될 것인가. 다른 역사 평가의 기준으로서 브레히트가 잡은 허구의 세계는 저 세상, 황천이다.

고인의 영예를 찬양하는 화려한 장례식으로 시작하는 이 연극은 루쿨루스 장군이 죽어서 사자(死者)의 나라, 그림자의 나라로 들어가 지상과는 전혀 다른 법을 가진 죽은 이들의 법정에 소환되어 지상과는 반대의 판결을 받아 극락왕생하지 못한 채 허무의 나라로 보내지는 과정이 묘사된다.

그림자의 나라에서 재판장, 배심원을 맡는 사자들은 지상에서 농부라든가 교사, 어부의 아내, 빵가게 주인, 첩 등이었다. 그들을 지상의 가치 기준 같은 선입견으로 판정을 그르칠 경우는 없다. 그들은 뇌물을 받을 손도 술과 음식을 먹을 입도 상대방의 권위에 어려워할 눈도 갖고 있지 않은 그림자인 것이다. 이 그림자들은 소박한 인간성에서 솟아나는 우애의 정신을 갖고 있으며 권력에의 불안이나 자기 보신(保身)을 위해 신경 쓸 필요가 없다. 이런 법정은 허구의 황금시대에만 가능했던 법관 아츠다크(《코카서스의 백묵 동그라미》)의 재판과 마찬가지로 이상적인 법정, 유토피아 세계의 법정이다. 곧 비현실의 법정인 것이다. 따라서 브레히트가 현실에 존재하지 않는 죽은 자들의 그림자 나라 법정으로 인간의 올바른 법정 모델을 제시했다고 해서 동독의 교조주의자들로부터 받았을 비판은 짐작되고도 남는다. 1950년 파울 데사우 작곡 《루쿨루스의 단죄(Die Verurteilung des Lukullus)》라는 제목으로 베를린 국립 오페라 극장에서 상연된 이 작품은 1960년에 비로소 다시 국립 오페라 극장의 레퍼토리로 복귀하였다.

브레히트의 마지막 작품이라는 《코뮌의 나날(Die Tage der Commune)》은 브레히트가 유럽으로 돌아와 스위스에 첫 보금자리를 마련한 시기에 쓰여졌다. 전후 브레히트의 활약이 주로 무대 상연, 개작, 번안 등에 한정되어 있었고 대체로 유작이 단편 형식으로 남아 있기 때문에 이 작품이 최후의 작품이라는 것도 일리가 있다. 특히 이 작품에서는 개인적 갈등을 정면으로 내세우고 역사적 배경은 그 배후의 사건에서부터 부각시킨다는 수법을 지양하고 있다. 브레히트는 개인을 대신해서 코뮌(마을 공동체)을 성립시키고 있는 군중들을 주인공으로 삼았다는 점에서 고전주의 드라마의 잔재를 완전히 씻고 새로운 사극 모델을 제시한 셈이다. 1871년 포위된 파리에서 성립되는 시민군의 코뮌 연극은 비극으로 끝나지만 공동체와 민중은 하나이며 정책 결정에 직접 참가함이 가능했음을 그리는 것이 그의 복안이었다.

《코뮌의 나날》과 함께 완성된 《안티고네 48》의 스위스 상연은 브레히트가 스위스에 잠시 자리 잡은 다음해인 1948년이었다. 그는 소포

클레스의 『안티고네』(횔덜린 번역)를 '고대 연극에 새로운 연기술을 응용'하기 위한 소재로 삼고 그 현대화와 개작을 시도하였다. 이 『안티고네』 개작은 그리스 비극에 거의 손을 대지 않았던 브레히트의 유일한 예외 작품이다. 그리스극의 현대화에서 주목할 부분은 '국가의 상층부가 와해할 때 생기는 폭력 행사의 역할'이며 〈안티고네 48〉이라는 제목에서 제시되듯 오늘날의 우화성(寓話性)을 분명히 하기 위해 패전 직전의 베를린을 무대로 삼는다. 방공호에서 나온 두 자매는 집 밖에서의 비명을 듣는다. 싸움터에서 탈주해 온 오빠가 나치스 친위대에 잡혀 처형되는 소리이다. 위험을 무릅쓰고 오빠를 교수대에서 끌어내리면 목숨을 구할 수 있을지 모른다. 언니는 억척어멈이 살아남기 위하여 자기 자식을 부인하는 것처럼 친위대의 심문을 받으며 오빠를 부인하는데 동생은 과연 오빠를 구할 인간적인 행위로 나올 것인가. 이런 의문이 안티고네 드라마의 세계로 이어지는 것이다.

1950년에 상연된 렌츠의 〈가정교사〉는 거세를 단행한 가정교사의 이야기이다. 렌츠는 자기 작품에 '희극'이라고 부제를 달았지만 브레히트가 보기에 이 작품은 당시의 사회 상황을 부각시키는 시민비극이었다. 브레히트가 보기에 가정교사 로이터의 거세 행위는 좌절의 상징이며 자기 거세는 정신적 행위에 머물지 않고 실제적으로 사회적 현실에서 도피하기 위하여 취한, 가장 그로테스크한 행위였던 것이다. 그가 보기에 독일 드라마는 렌츠가 로이터를 거세시켰을 때 희극에의 모멘트를 잃어버렸다.

원래는 그것이 리얼리즘 연극의 출발점이 되어야 할 시점이었으나 그것이 실패함으로써 독일 드라마는 이상주의적 고전 연극으로 전개되었고 사회에 대하여 무력한 고전주의 연극으로 출발하게 된다. 브레히트는 독일 고전주의를 비판한다. 고전극(괴테/실러)의 상연이 별로 고려되지 않았던 브레히트의 베를리너 앙상블 극단이 〈파우스트〉보다 〈우어파우스트〉〈깨어진 항아리〉〈비버 외투〉 등을 그들 극단의 레퍼토리로 삼은 것은 그런 작품이 지닌 사회성과 그 한계를 분명히 하고 고전극 작가들에 결핍되어 있었던 사회 비판의 시각을 더하는 데 개작의 의도가 있었던 것이다.

그런 의미에서 브레히트에게 있어서는 사회적 안목을 위한 깨어 있는 의식의 유지가 절실히 필요했다. 망명기만이 아니라 전후의 동베를린 활동기에도 그는 작품과 사회적 유대를 위하여 종전의 아리스토텔레스 연극론으로 포괄될 수 없는 연극 세계를 서사극 이론으로 작품화하는 것이다. 그런 점에서 이제 브레히트 서사극의 걸작들을 검토하게 될 것이다.

1) 〈주인 푼틸라와 머슴 마티(Herr Puntila und sein Knecht Matti)〉

독일군이 덴마크로 진주하기 직전 1940년 3월 핀란드로 피신한 브레히트는 여류 시인 헬라 윌리요키의 호의에 의해 그녀의 영지에 머물게 되었고 그녀의 소설과 희곡을 바탕으로 만들어진 것이 '민중극'이라고 부제가 붙은 〈주인 푼틸라와 머슴 마티〉이다. 이 작품의 주석 형식으로 첨가된 「민중극 각서」는 그가 의도하는, 유치하지 않으면서도 소박한 민중극의 세계를 파악하기 위한 중요한 단서가 된다. 덴마크에서 아주 직접적인 반파시즘 활동을 벌이고 있던 그는 보다 악화되어 가는 어려운 시대를 지켜보며 〈갈릴레이의 삶〉 극에 미래를 기약하면서 잠시 쉬는 핀란드 전원 생활 속에서 '웃음을 잊지 않기 위하여' 〈주인 푼틸라와 머슴 마티〉를 쓸 만한 여유 있는 태도를 유지했다.

그러나 때는 망명객들에게 어려운 계절이다. 고향을 버리고 잠시 조국을 떠나 있던 그들에게 상황은 더욱 핍박해지고 나치스의 압력도 더해진다. 역사적으로 당연히 지주 대 머슴이라는 계급적 대립이 '과거지사'가 되는 것처럼 전체주의 시대도 과거 이야기가 되어 있어야 할 때를 가상하며 브레히트는 교활한 민중의 하나인 머슴 마티를 통해 상전 푼틸라와 맞수가 되게 한다.

술주정꾼인 지주 푼틸라는 맑은 정신일 때는 셈이 빠르고 이기적이며 잘난 체하는 상전이지만 술이 들어갔다 하면 인정도 많고 갖가지 기행을 저지르는 애교 있는 성품이다. 외동딸 에바는 수녀원 학교에 보내져 장차 부동산을 밑천으로 전도유망한 외교관보에게 시집보낼 참이다. 이 상전의 운전수로 고용된 마티는 푼틸라의 본성을 꿰뚫어 보고 영합해나가며 결코 자기 분수에서 벗어나지 않는다. 그런 까닭에 이 상전은 때때로 사위가 될 외교관보가 보기 싫어져 곤드레가 되면 의논 상대로 삼을 정도로 마티에게 반하여 사윗감으로 삼겠다고 말하기도 하고 거기다 이 외딸도 약혼자에게 권태를 느끼고 있는 것이다.

술에서 깨어나면 이 지주 어른은 냉철하고 빈 구석이 없는 머슴 놈에게 마음을 놓을 수가 없어서 빨갱이 혐의도 걸어본다. 마티는 주인과의 놀이, 서로 속는 체 속이는 체하는 관계를 견디지 못하여 지주댁 머슴살이인 운전수 근무를 그만두게 된다. 그만큼 '물과 기름이 섞일 수 없는 것'처럼 두 사람 사이의 계급적 차이를 확실히 자각하면서도 곤드레가 된 상전에게서 '거의 한 인간'을 느낄 정도로 약해지는 자기 감정을 주체할 수 없게 된다.

요령 좋게 처신을 해가면서 유머라거나 신랄한 풍자로 상전을 다루어나가는 마티는 브레히트가 좋아하는 교활한 민중의 하나이고 자기 대로 뚜렷한 계급적 자각도 해나가고 있다. 그는 푼틸라 상전이 취흥이 도도하여 베푸는 인정조차 자기 신세를 망칠지도 모른다는 사실을 생활의 지혜로써 체득하고 있다.

> 어른께서 어젯밤 엉망으로 취하셔서 마침내 동틀 무렵에는 가지고 있는 산림의 반을 내 이름으로 넘겨주고, 그것도 증인을 부르겠다고 약속하셨어. 주인께서 술에서 깨어나 그 말을 듣게 되면 이번에는 진짜 경찰서 신세를 지게 될걸.(제12장)

외교관보를 좋아하지 않는 에바가 마티를 유혹해도 별로 흔들리지 않는 까닭도 그 때문이다. 푼틸라는 약혼식 석상에서 현실적인 이 사위를 견디다 못하여 그를 팽개쳐버리고 마티에게 에바와 결혼해달라고 조른다. 마티는 에바가 운전수의 아내가 될 수 있겠는지 시험한다. 그러나 부잣집 외딸이 가난뱅이 운전수의 아내 노릇을 견딜 수 없음은 자명하다.

브레히트, 서사극, 낯설게 하기 수법

에바는 지참금이 목적인 이 외교관보가 끝내 이 결혼을 단념하지 않기 때문에 마티와 짜고 연극판을 벌인다. 둘이 함께 사우나 목욕탕에 들어가 둘 사이가 수상한 것처럼 목소리가 약혼자에게 들리도록 만든다. 마티는 아가씨하고 아무런 일도 없었던 것처럼 빠져나갈 말솜씨도 부린다. 술에서 깬 푼틸라는 마티를 야단쳐 둘 사이의 신분과 계급의 차이를 깨닫게 한다.

〈사천의 착한 사람〉에서 결혼을 위한 시험의 장면처럼 에바의 운전수 아내 시험 장면이나 가벼운 에로틱한 사우나탕 장면 등은 특정 의도 아래 꾸민 연극, 즉 극중극의 방법으로서 이 민중극에서는 소박한 즐거움을 위하여 자주 사용된다. 그것은 때로 전통적인 일루전의 연극, 환상과 착각의 연극을 풍자하는 것 같다.

이 민중극의 재미에서 놓칠 수 없는 것이 몸짓 요소의 활용이다. 첫 장에서 이틀이나 술에 빠져 있던 주인어른께서는 곤드레가 된 술친구인 판사를 이렇게 야단친다.

> 내가 애써 쐬주 바다로 데려가겠다는데 자네는 보트 속에 웅크리고 앉아 배 밖은 쳐다보지도 않는군. 창피하지도 않냐. 이봐, 나는 이렇게 헤엄쳐 간다구. (흉내를 낸다) 쐬주 바다를 건넌단 말이야. 그래도 빠져 죽지는 않는다구.

〈마하고니 시의 흥망〉에서의 난파 장면처럼 여기서는 '연기하는' 약속이 보는 사람들의 최면 상태를 파괴할 뿐 아니라 오락이 되게 한다.

그만큼 배우에게 제스처의 기량이 더 많이 요구된다. 나중에 눈을 뜬 판사는 "실제로 그 자리에는 없는 종을 더듬어 찾아 그것을 흔드는 시늉을 한다". 그리고 법정에서는 조용히 하라고 소리친다. 푼틸라는 저 자식은 졸음이 오면 법정에 있는 기분인 모양이라고 신랄하게 꼬집는다. 거기에는 제스처만이 아니라 판사의 사회적 몸짓과 짓거리가 포함되어 있다.

〈주인 푼틸라와 머슴 마티〉에는 종래의 고상하고 교양 있는 연극이 경원하던 엎치락뒤치락의 요소와, 장터 약장수나 광대 패거리들의 코메디아 델 아르테식 예능이 많이 도입된다. 그만큼 즐거움을 주기 위한 것이다. 그렇다고 브레히트의 '민중극'이 수준을 낮춘 연극일 수는 없다. 민중은 단순하고 유치한 것이 아니다. 그들은 삶의 지혜로써 복잡한 사항을 간단명료하게 표현할 줄 아는 기술을 습득하고 있다. 소박한 엎치락뒤치락의 에피소드에는 복잡한 사회적 모순이 포착되어 있으며 그 소박함과 간소함을 하나의 예술 양식으로 높여나가는 것도 '민중극'의 목표인 것이다.

브레히트는 종래의 연기 방법을 고전주의적이며, 양식화된 고상한 연기와 자연주의적인 사실적 소박함의 연기로 나눈다. 전자는 굿거리 같은 일상성을 연극에서 말끔히 추방하려는, 독일에서는 바이마르 고전주의 양식 완성기에 확립된 양식이다. 이에 비하여 후자는 연극에서 거짓된 양식이라든지 연극다움을 일체 배제하여 일상생활을 그대로 묘사하려는 연기이다. 전자가 극적 파토스(격정)라거나 신파적인 어떤 틀에 잡혀 있다면 후자는 극적인 고리를 인위적으로 삽입시키지 않으

브레히트, 서사극, 낯설게 하기 수법

려는 '민'연기, 맨몸 알몸처럼 자연 그대로의 연기이다.

브레히트는 이른바 자연주의라는 양식에 대해서는 비판적이었다. 그것은 '주의'가 편집증적인 경향을 지니기 때문이다. 자연주의가 양식에 얽매이지만 않는다면 자연스러움은 삶의 반영이 된다. 따라서 지나치게 격정적인 감정이나 판에 박은 듯한 스테레오 타입적 형식을 지양하고 줄거리를 몸짓으로 옮겨놓는 연기자의 기량에 대하여 브레히트는 주목하였다. 그의 새로운 연기론은 그 양자의 야합이 아니라 진정한 종합이었다. 리얼한 묘사법을 바탕에 깔면서 좁은 의미에서의 자연을 흉내 내고 묘사하는 것으로 끝나지 않고 일종의 양식과 품격을 부여하려는 것이 브레히트의 방향이다. 그 양식화를 위하여 연기의 테크닉과 대사의 시적 처리가 필요한 것이다.

브레히트를 지나치게 형식적으로 파악하려는 태도는 그를 놓치게 만든다. 브레히트는 '민중극'을 코메디아 델 아르테의 여러 요소와 리얼리스틱한 풍속극의 여러 요소를 갖춘 양식이라고도 설명하지만 그것만으로 그의 의도가 다 설명되는 것은 아니다. 그의 리얼리즘은 트리비알리티(Trivialilty, 사소한 것·평범·진부함)를 넘어서서 작품 줄거리를 명확하게 하기 위하여 세밀한 디테일 묘사도 마다하지 않으며 동시에 딸에게 술을 뺏기는 푼틸라에게 '리어 왕' 같은 양식도 부여하는 것이다.

브레히트는 주인 대 운전수, 지주 대 머슴이라는 상하 관계의 계급적 대립이 바야흐로 해소되기 직전의, 한 시기의 투쟁사의 삽화로서 푼틸라 희곡을 썼으며 마르크스의 말을 빌려 "인류가 흔쾌히 과거와

작별하기 위하여" 희극적인 형식을 빌려 역사의 과정을 보여주려는
의도를 가지고 있었다. 마티는 전혀 새로운 변화를 가져오지 못하는
이런 관습과 주정뱅이의 행위 사이를 왔다 갔다 하는 푼틸라의 세계에
등을 돌려 이 연극 세계에서도 벗어나 관객들에게 마지막 고별사를 들
려준다.

> 차츰차츰 고용인들이 당신네들에게 등을 돌릴 시대가 되었습
> 니다.
> 그들은 곧 좋은 주인을 만나겠지요.
> 먼저 그들이 그들 자신의 주인이 되기만 한다면.

그렇게 하여 이미 고용인들이 그들 자신의 주인이 되어 있는 사회의
관객들은 이 과거의 역사적 투쟁을 그린 촌극에서 웃음을 짓거나, 혹
은 그 새로운 사회를 건설해 나가는 길목에 아직도 남아 있는 낡은 계
급의식의 잔재에 웃을 수도 있을 것이다.

2) 〈아르투로 위의 막을 수 있었던 득세(Der aufhaltsame Aufstieg des Arturo Ui)〉

파시즘의 절정기였던 1941년 브레히트는 히틀러의 나치스 정권이
대두할 무렵의 독일 정치 정세를 시카고의 암흑가로 옮긴 패러디극
〈아르투로 위의 막을 수 있었던 득세〉를 썼다. 갱단의 세계를 빌린 점

은 〈서푼짜리 오페라〉에서 도적들을 부르주아로 옮겨놓은 방향과 같
지만 실제의 역사적 평행 관계는 훨씬 뚜렷하다. 거기에다 양식적인
시도로서는 〈도살장의 성 요한나〉에서 보여준 것 같은 고전극의 문체
나 장면의 패러디화를 들 수가 있다. 문체로서는 5각(脚) 약강격(弱強
格)의 무운(無韻)시인 블랑크페어스(Blankvers)를 많이 쓰고 잔학의 화신
인 리처드 3세가 소재('구혼의 장면', '유령 출현 장면' 등)를 제공하고 있으
며 괴테의『파우스트』의 정원 장면도 차용되고 있다.

독재자 히틀러의 모습이 외경심(畏敬心)보다는 무서움으로 다가오던
시기에 브레히트가 일찍이 〈공 대가리와 송곳 대가리〉에서 보여준 것
처럼 패러디 형식으로 나치스와 히틀러를 꼬집은 것은 바로 그러한 시
대이기 때문에 거물로 보이고 영웅시되는 위험스런 광기의 독재자를
철저히 희화화하고 비속화(卑俗化)시킬 필요가 있다고 보았기 때문일
것이다.

이 작품의 각서에서 브레히트는 "큰 정치적 범죄자를 다루는 일은
무엇보다도 우스꽝스러움 때문에 피해야 한다"고 썼다.

줄거리는 갱 두목 아르투로 위가 시카고 시(市) 발행 채권 대부의 추
문을 입수하여 청과업자를 협박, 그들의 해결사 조직을 자청하면서 차
츰 시카고 시청을 손아귀에 넣을 뿐 아니라 다른 도시의 청과업 단체
의 실권마저 장악해나가는 내용이다. 힌덴부르크의 정권 이양에서부
터 나치스 내부의 권력투쟁, 국회 방화 사건, 오스트리아 합병까지의
역사적 사건들이 장면마다 줄거리 가운데 교묘하게 짜여 든다. 바이마
르공화국 마지막 대통령으로서 히틀러에게 수상 자리를 부여하고 나

서 거의 껍데기만 남은 간판격 노장군 힌덴부르크는 이 작품에서 성실만이 간판인 시의회의 얼굴마담 도그스볼로이다. 1929년에 시작된 세계적 공황 속에서 독일의 토지귀족 융커들이 힌덴부르크를 끌어들여 국책 대부 금고를 이용하려고 했던 것처럼 이 연극에서는 불경기에 허덕이던 시카고 청과업 트러스트 간부들이 시의회의 성실 의원을 끌어넣어 항만공사 이름으로 채권 대부를 꾀한다. 트러스트의 대표자 클라크는 토지귀족 출신이며 실업가로서 나치스가 대두하기 전에는 수상 자리에 있었고 결과적으로 나치스와 타협하여 히틀러에게 길을 열어주게 된 보수 세력의 대표자 폰 파펜이다. 시트는 국방장관과 초당파 내각의 수상이었던 폰 슐라이허이다. 호시탐탐 기회만 엿보던 위는 드디어 도그스볼로와 트러스트와의 추문에 대한 증거를 입수하여 협박으로 들어간다.

1933년 1월 31일 힌덴부르크 대통령이 히틀러에게 정권을 넘겨준 것은 수상 슐라이허가 동부 구제자금을 착복한 사실을 폭로하겠다고 위협 당했기 때문이다. 히틀러는 수상의 자리에 오르자 이 추문의 조사를 중단시켰고 2월에는 국회 방화 사건이 터졌다. 공산당 탄압의 구실이 된 이 날조 사건은 〈아르투로 위의 막을 수 있었던 득세〉 극에서는 위가 해결사가 되어 청과조합의 실권을 장악하는 계기가 된다. 갱자신이 갱의 해결사 노릇을 하겠다고 나서면서 한쪽으로는 파업 중단 등을 확약하여 트러스트 패거리들의 이익도 챙겨주는 것이다. 청과업자 창고의 화재는 물론 위의 패거리들의 짓이지만 권총을 감춘 매수재판에서 가련한 실업자 후크가 범인이 되어버린다. 그것은 국회 방화 사건의 범인으로 네덜란드의 공산당원 판 데어 루페에게 사형 선고를 내린 라이프치히 제국 최고재판소의 재판 과정을 비꼬는 것이다. 나치스 내부의 권력투쟁처럼 〈아르투로 위의 막을 수 있었던 득세〉에서도 갱들 사이의 암투와 음모가 배반으로 드러난다. 1934년 여름 힌덴부르크 대통령이 죽었을 때 히틀러에게 대통령직과 수상직을 겸하도록 하는 유서가 공개되었던 것에 준하여 늙은 도그스볼로의 유서는 위 휘하의 패거리에 의해 위조된다. 독일·오스트리아 합병극은 위 패거리 탄핵 캠페인을 벌이고 있던 달피드의 협박과 살해, 그리고 장례식장에서 위는 리처드 3세처럼 미망인 베티를 유혹하는 것에 비유되었다. 위는 시카고 시 산하만이 아니라 인접 지역의 청과업자들을 손아귀에 넣고 갱들의 습격을 막는다는 핑계로 무장하기 시작하여 그 마수를 워싱턴 등 각지로 뻗는다. 히틀러의 오스트리아 간섭은 자기에 대한 신문 공격을 중단시키라는 오스트리아 수상에 대한 위협으로부터 시작된다. 그는 오스트리아 내정 불간섭을 내세우면서 비밀 나치스 당원들을 조종하여 수상 암살, 독일·오스트리아 합병으로 막을 내린다. 나치스 압력하에 이루어진 오스트리아 선거에서 히틀러의 득표율은 98퍼센트였다.

이 연극의 마지막은 깡패 아르투로 위 패거리에 점령되어 무법의 도시가 되어버린 시카고 시의 한구석, 위 일당의 기관총 소사로 벌집처럼 되어버린 트럭에서 기어 나온, 죽어가는 여인의 비명으로 끝난다.

살려줘, 아무도 이 페스트를 막을 수 없나요!

악당으로서도 나치스 히틀러는 리처드 3세의 패러디에 지나지 않는 쓰레기이다. 파시즘의 공포에 떨 때 히틀러를 정면의 적으로서가 아니라 조소의 대상밖에 되지 않는 벼락부자 같은 갱으로 비유한 것은 〈공대가리와 송곳 대가리〉에서 히틀러를 과소평가한 것보다는 적극적인 의미를 담고 있다는 점에서 유효한 수단이 되기도 했을 것이다. 스위프트나 볼테르를 좋아했던 브레히트는 걸리버 여행기의 소인국(小人國)처럼 현실을 오목렌즈에 포착하여 비뚤어진 모습으로 대치하는 수법을 채용한 것이다. 그 허구의 땅으로 선택된 곳이 미국의 시카고이다. "히틀러의 대두를 자본주의 사회에 가까운 환경으로 옮겨놓음으로써, 자본주의 진영의 사람들에게도 잘 이해되도록 할 것"을 목적으로 선택된 곳이 시카고인 만큼 현실의 시카고가 지닌 리얼리티가 없다는 비난은 무의미한 비방에 지나지 않는다.

그렇게 하여 영웅 비속화를 벼른 일종의 낯설게 하기의 기법이 원용된 셈인데 거기에 또 하나의 이화 작용이 가해진다. 곧 선동정치의 재능을 발휘한 히틀러의 속빈 미사여구라거나 허장성세의 본질을 폭로하기 위해 문체에 의식적인 고전극 운문의 패러디화가 이루어진 것이다. 문체도 또 낯설게 하기의 거리감 유지에 유효한 수단으로 〈아르투로 위의 막을 수 있었던 득세〉에는 이중적인 소격화가 사용되었다는 지적은 그런 점에서이다.

이 작품은 실재한 나치스 성립사와 평행 관계를 이루고 있으므로 작가는 먼저 내레이터에게 등장인물 소개를 시키면서 실재 인물과의 관계를 설명하고 각 장면이 끝날 때마다 비견되는 역사적 사건을 보여주는 수법을 취한다. 이미 〈공 대가리와 송곳 대가리〉에서도 그랬지만 브레히트가 히틀러를 소인배 깡패로 끌어내리면서 그런 경우 부정적인 조소를 풍기면서도 청교도적인 성격을 부여하고 있는 점은 주목해야 한다. 위는 그냥 권력욕에 사로잡힌 사나이로 방종과는 거리가 멀다. 그는 스파르타식 조의조식(粗衣粗食)과 근검절약이라는 미덕을 갖고 있다. 바로 식욕과 육욕을 끊어버린, 곧 인간적 즐거움을 끊어버린 아르투로 위는 권력에만 집착하는 일종의 성격 이상자이다. 유머도 없고 인간적 여유도 없는 그런 성격 이상 탓으로 거물의 자리, 영웅의 자리에서 끌려 내려오면서도 오히려 블랙 코미디처럼 우리의 등줄기를 오싹하게 만든다.

3) 〈억척어멈과 그 자식들(Mutter Courage und ihre Kinder)〉

1618년부터 1648년, 이른바 30년전쟁 기간의 한 시기를 12장으로 나누어 연대기식으로 살펴나간 이 작품은 그런 구성 탓으로 서사극의 대표작으로 생각되기 쉽다. 그러나 이 작품은 중기(中期)의 작품인 만큼 서사적이라 하기 힘들고 오히려 '극적'인 요소를 많이 내포한다.

〈억척어멈과 그 자식들〉은 그만큼 극적 완성도가 높은 작품으로 관객들도 자연스럽게 억척어멈의 비극에 눈물 흘린다. 그녀의 비극은 전쟁이라는 불가항력에 짓눌려가는 가련한 모성의 비극처럼 보인다. 억척어멈의 본능적인, 거의 동물적인 모성애가 잘 묘사되어 있기 때문에 관객들은 비극으로 받아들이지만 이것을 비극으로 받아들이는 것은 역으로 전쟁을 피할 수 없는 운명으로 돌리는 사고방식을 용인하는 것이며 그런 수용 태도는 브레히트가 말하는 변혁이라는 생각과 아주 어긋나 있다.

실제로 이 작품의 상연은 그런 잘못된 수용 태도로 관객을 감동시킨 적도 있으며 동베를린에서 브레히트 연출 상연 때는 끝까지 눈뜨지 못하는 주인공의 연출 방식에 대하여 정통파 리얼리즘 작가 볼프의 비난이 있었고 그에 대한 반론으로서 브레히트는 '변하지 않는' 주인공을 보고 관객이 '변한다'고 강조하기도 했다. 그만큼 일반적인 연극적 감동에 익숙해진 관객에게 이 같은 브레히트 연극이 갖는 이중적 성격이 바로 이해되기까지는 꽤 많은 시간이 필요했다. 이런 사실은 브레히트 서사극의 약점이라기보다 오히려 일반 관객들이 지닌 뿌리 깊은 관습적 고정관념을 증명하는 것이고 그렇기 때문에 그런 관념을 깨트리기 위해서도 브레히트적인 낯설게 하기의 이화 수법과 소격효과의 수순이 필요하다는 사실을 입증한다고 봐야 할 것이다.

이 작품은 억척어멈의 비극만이 아니라 제목에서 알 수 있듯이 그 자식들의 비극이기도 하다. 쿠라주(Courage)라는 간덩이 부은 여편네, 용기 있고 배짱 있는 여자, 억척어멈이라는 별명이 붙은 술장사인 모델을 브레히트는 17세기의 작가 그리멜스하우젠의 『떠돌이 크라셰』에서 빌렸다. 그러나 피카레스크 로망(악한소설)식으로 악착스런 여장부 크라셰의 에피소드들을 극명하게, 그리고 우습게 묘사한 원작의 모습은 이 브레히트 작품에서 거의 찾아볼 수 없다. 브레히트의 여주인공 안나 피어링이 억척어멈이라는 별명을 얻게 된 까닭은 그녀 자신의 해명에 의하면 "파멸이 무서웠기 때문"이라는 것이다. 30년전쟁의 싸움터를 거래터로 삼는 술장사 아낙네, 그녀 같은 가난뱅이는 단지 살아남기 위하여 살아간다. 그녀는 타고날 때부터 억척스러운 아낙네가 아니라 가난뱅이로서 전쟁에서 살아남으려는 삶의 행위를 통해 억척어멈이 되어간 것이다.

그런 인생철학을 검토한다면, 이 억척어멈이라는 인물상은 부정적인 모습이다. 얼핏 보기에는 긍정적인 히로인으로 보이는 억척스런 아낙네가 자식들 셋을 거느리고 어려운 전쟁 사이를 뚫고 악전고투하면서 살아남는다는 인상은 긍정적인 것이다. 그녀의 삶의 지혜는 현명해 보이고 상층계급의 무리들에 대한 비판은 신랄한 익살과 비꼼이며 어리석은 영웅주의 따위는 믿지 않는다. 그러나 이런 긍정적인 면은 단지 부분적인 것이다.

그만큼 브레히트 작품의 주역들은 공감할 수 있는 긍정적 인물로 또는 반감을 일으키는 부정적 인물로 양분될 수가 없다.

제목에서 볼 수 있듯이 이 작품은 억척스러운 한 아낙네의 이야기일 뿐 아니라 그 '자식들'의 비극이기도 하다. 전쟁터를 장사터로 삼아 떠돌아다니는 이 술장사의, 애비가 다른 세 자식은 제마다 다른 성격을 갖고 있다. 장남인 아일리프는 눈치도 빠르고 용감하며 차남인 슈바이차카스(아버지가 스위스인이어서 스위스 치즈라는 별명을 얻었다)는 어리숙하지만 정직하다. 딸 카트린은 벙어리지만 마음은 착하고 선량하다. 용감함, 정직함, 그리고 선량함이라는 세 자식들이 지닌 인간의 덕성이 그들의 목숨을 뺏게 된다. 아일리프는 에미의 말도 듣지 않고 병정이

〈억척어멈과 그 자식들〉의
공연 장면(1978)
(©German Federal Archives
at Wikipedia.org)

되어 만용과 재치로 상관의 찬사도 받고 견습 사관으로 출세한다. 그러나 잠깐 동안의 평화협정 기간 중에 전쟁 시에는 늘상 자행되던, 그때문에 용감하다는 소리도 들었던 약탈 행위를 했다는 이유로 처형된다(18장). 슈바이처카스는 연대 회계 담당이 되어 어미가 가르친 대로 정직을 제일 목표로 삼아 금고를 지키고 금고와 함께 포로가 되자 그것을 적에게 넘기지 않으려다가 총살된다. 자기들의 포장마차에 깔린 쥐를 살려주고 무너지는 집 아래서 아이를 구해줄 정도로 착한 마음을 지닌 카트린은 병정들에 의해 보기 흉하게 얼굴을 긁혀 결혼할 엄두도 낼 수가 없다. 그런 그녀가 에미가 나간 사이 신교도의 할레 시 교외에서 이 도시를 야습하는 구교 군대를 만나 잠들어 있는 할레 시에 급보를 전하려고 북을 치다가 사살된다. 그녀는 그저 할레 시에 있는 어미와 아무것도 모른 채 잠들어 있는 할레 시의 어린이들을 학살에서 구

브레히트, 서사극, 낯설게 하기 수법

하고 싶었을 뿐이다.

인간에게 내재하는 선량한 성질을 브레히트는 부정하지 않는다. 그러나 그것이 절대적인 계율로서, 이른바 윤리 도덕으로 정착된 경우에는 코에 걸면 코걸이 귀에 걸면 귀걸이 식으로 권력자의 밥이 되어 원래의 절대적인 덕목과는 상관없이 이용당한다. 카트린도 그렇고 〈코카서스의 백묵 동그라미〉의 그루셰도 〈사천의 착한 사람〉의 셴 테도 그 본성이 지닌 착함 때문에 그것이 통용되지 않는 세계와 충돌한다. 여기에서 도덕률에 대한 비판이 기존 세계에 대한 의문으로 바뀌는 계기가 주어지는 것이다.

이른바 미덕(美德)이라는 것이 비뚤어진 세상에서는 처세술이 되지 못한다는 〈솔로몬의 노래〉는 〈서푼짜리 오페라〉에서 풍자로 쓰였지만 이 작품에서는 요리사의 동냥의 노래가 제9장에 사용되어 억척어멈의 자식들의 최후를 암시한다. 현명한 솔로몬 왕, 용감한 카이사르 장군, 정의의 학자 소크라테스는 그들의 덕성 때문에 파멸당했다. 이 세상에서는 덕이란 아무런 소용도 없다.

그러나 이 노래를 부르며 동냥을 비는 당사자인 요리사는 덕도 없으면서 이 작품에 나오는 다른 불한당들과 마찬가지로 전쟁에서 살아남을 수 있는 패거리 가운데 한 사람이다. 거기에 이중의 아이러니가 있다. 브레히트는 단순히 염세적으로 무력한 도덕을 말하고 있는 것은 아니다. 극적인 긴장과 알맞은 거리화를 통해 브레히트는 덕목과 윤리도덕을 비판하면서 우리의 현실을 한 번 더 생각하게 만든다. 서사성과 극성에서 보면 오히려 극성이 더한 이 작품의 한 장면이 제3장이다. 구교 군대의 기습을 받아 적진에 억류된 억척어멈은 금고를 껴안은 채 붙들린 둘째 자식을 어떻게 하든 구하려고 하지만 뇌물 거래에 시간이 걸려 마침내 자식의 목숨을 잃게 된다. 그렇지만 이제부터라도 적진에서 살아남아 장사를 계속하기 위하여 자식의 시체를 보고서도 그것을 부인하고 죽은 자와 관계가 없음을 입증해야 하는 것이다. 거의 한 시간이나 걸리는 이 장면을 지탱시키는 것은 뭐니 뭐니 해도 극적인 긴장이다. 그렇다고 〈억척어멈과 그 자식들〉이 종래의 연극으로 되돌아갔다고 볼 수는 없다. 극적 요소 이외의 것을 간직하고 있는 것이 이 서사극의 강점인 것이다. 관객들이 억척어멈에 대한 부분적 공감으로 그녀의 사는 삶의 방식에 대한 비판마저 잊어버리지 않도록 배려되어 있는 것이 이 작품이다. 제12장에서 딸 카트린의 시체를 안고 부르는 억척어멈의 자장가는 한 어미의 탄식으로 관객의 동정을 사지만 자기 자식에 대한 이기적인 편애―배가 고파 우는 이웃집 아이와 대비하여 자기 아이에게만은 비단옷을 입히고 맛있는 것을 먹이고 싶어 하는 집념이 담겨 있다. 이것이야말로 전란 가운데 살아남기 위한 자위 수단으로 그녀를 전쟁 장사에 몰두케 강요한 원동력이 된다. 억척어멈에게는 그 길밖에 다른 살아갈 방도가 없다. 전쟁 자체에는 어떤 도덕적 가치를 두지 않고 전쟁을 빌미로 돈을 번다는 철저한 합리성이라는 점에서 그녀는 천박한 정신주의에 빠지지 않는 현명함을 지닌다. 바로 그 점에서 그녀는 전쟁 모리배인 권력자를 모방했다고 볼 수도 있다. 그녀는 전쟁을 통해 먹고 산다. 그러므로 그녀는 평화주의 자가 아니다. 그런 억척어멈도 본능적으로 전쟁을 반대하는 순간도 있

브레히트, 서사극, 낯설게 하기 수법

다. 제6장에서 벙어리 딸이 불구가 되어 전쟁을 저주하는 한순간이다. 그러나 저주를 퍼붓던 그 순간에도 그녀는 전쟁에서 돈을 벌기 위해 사 들인 재고품을 세고 있다.

마지막 장에서 병사들이 행진하며 부르는 노래 - "운도 불운도 짊어 진 채/어쩌면 전쟁은 이어질 모양/전쟁이 백년 계속 되어도/미천한 놈 들에겐 얻은 게 없지" - 에서 억척어멈은 그 교훈을 알아듣지 못한다. 그녀는 그저 그 노래를 부르며 행진해가는 연대를 따라잡기 위해 "난 또 장사를 해야지" 하며 혼자 포장마차를 끌며 필사적으로 그 대열의 뒤를 쫓는다. 이렇게 쫓기면서도 본능적으로 더 살아남으려는 그녀의 모습에는 극적 감동을 유도하는 효과가 없는 것은 아니다. 그러나 전 쟁이라는 불가항력에 짓밟힌 피조물의 비극처럼 단순히 받아들이지 않도록 작품 속에는 서사적 기법이 이미 여러 번 되풀이하여 극적 감 정이입을 차단한다.

4) 〈사천의 착한 사람(Der gute Mensch von Sezuan)〉

〈사천의 착한 사람〉은 연극적 형식을 빌린 우화(寓話)이다. 유럽인이 생각하는 중국, 사천(Sezuan)[1]이라는 가공의 땅에서 일어난 이 허구의 이야기는 관객에게 착함과 삶이 양립할 수 없는 사회 기구에 대한 비 판을 불러일으킨다.

---

1 중국의 실제 지명 사천(四川)의 알파벳 표기는 Sichuan.

착한 사람을 찾아 지상으로 내려온 세 신이 셴 테라는 가난한 창녀의 집에서 밤을 보내고 그녀에게 착한 일을 하도록 돈을 준다. 그러나 선행을 하는 것과 살아간다는 것이 현대사회 조직 속에는 불가능하다는 것을 그녀는 점차 깨닫게 된다. 이미 〈서푼짜리 오페라〉에서도 "착한 사람이 돼? 그래, 누구나 선인이 되고 싶지. 그러나 유감스럽게도 이 땅(혹성)에서는 그런 수단이 별로 없지. 사람들은 너무 잔혹하거든"이라는 도발적인 대사가 나오지만 〈사천의 착한 사람〉에서는 단순한 선행도 할 수 없는 것이 이 땅의 인간사회 전반 때문이 아니고 현재의 조직 기구 탓이라는 우의(寓意)를 담고 있다.

브레히트의 초기 작품에서 풍기는 도발성 짙은 시니시즘(냉소주의)에 비하면 〈사천의 착한 사람〉에서는 인간의 본성으로서 착하고 싶어 하는 충동이 솔직히 인정된다. '악'으로 있는 것은 괴롭다. 사람이라면 누구나 선이었으면 한다. 따뜻한 말씨는 부드럽게 입에서 흘러나오고 베푸는 짓은 즐거운 행위이다. 그런데 살기 위해서 비정해지고 학대받는 하층민들은 더 탐욕스럽고 이기적이 된다. 〈억척어멈과 그 자식들〉은 친절을 베풀고 싶은 충동을 참아 원조를 거부한다(〈억척어멈과 그 자식들〉 제5장). 〈코카서스의 백묵 동그라미〉의 그루셰는 버린 자식을 구해준다는 박애정신의 유혹을 뿌리치지 못하여 온갖 환난과 고생을 한다. 이 작품에서 셴 테는 기식(寄食)할 줄밖에 모르는 가난뱅이들에게 알거지가 되도록 뺏긴 다음 타협을 생각하지 않을 수 없게 된다. 그녀는 선인인 자기를 관철시키기 위하여 삶의 모든 필요악을 체현시키는 가공의 사촌오빠 슈이 타를 만들어내어 이중인격자가 된다.

브레히트, 서사극, 낯설게 하기 수법

이러한 이중의 변신이라는 소재에 브레히트는 일찍이 흥미를 가지고 있었다. 발레 대본 〈소시민의 일곱 가지 큰 죄〉에서 둘로 분열된 안나 I과 안나 II가 등장하고, 초기 소설 「취직 자리」에서는 수위직을 얻은 남편이 급사하자 아내가 남편으로 변장하여 수위직을 맡는다. 그리고 저간의 사정을 알고 있는 마음씨 착한 하녀를 아내(자신)로 내세워 세상을 속이고 취직자리를 잃지 않겠다고 발버둥 친다.

〈사천의 착한 사람〉에서는 소박한 우화극이라는 틀 안에서 셴 테가 비정한 사나이 슈이 타로 변신하는 연극적 과정이 그렇게 하지 않을 수 없는 상황과 결부되어 가면을 사용하며 아주 자연스럽게 제시된다.

이야기 줄거리 자체가 파라벨(Parabel, 비유·우화) 형식이지만 내레이터 기능을 지닌 물장사 왕과 신들과의 막간 대화 진행으로 셴 테의 헛된 노력과 타협의 과정이 관찰자 입장에서 해설되고 이런 해설 기능은 연극 진행 중에 삽입되는 노래(송)와 시형(詩型)으로 쓰인 관객에 대한 질문이 관객에게 해설 역할을 해준다.

주인공 셴 테의 분신인 슈이 타는 셴 테의 착함과 완전히 상반되는 비정함으로 불쌍한 떨거지들을 내쫓고 파산 직전의 셴 테의 가게를 일으켜 세운다. 작은 담배 공장을 운영하여 일종의 빈민 착취 기업으로서 성공한다. 셴 테가 사랑하는 실업자 비행사에 대해서도 슈이 타는 몰인정하다. 이 애인은 끝판에 가서야 평직공 자리에서 벗어나 슈이 타의 주구 노릇을 하게 된다. 선인과 냉혹한 계산가 사이를 오가는 이중생활은 외적으로 셴 테의 임신에 의해, 내적으로는 그 모순의 견딜 수 없는 갈등에 의해 막다른 골목에 몰린다. 셴 테는 점차 모습을 나타내지 않게 되고 이에 의심을 품은 비행사가 슈이 타의 방에서 셴 테의 옷가지를 발견함으로써 슈이 타를 살인 혐의로 고발하게 된다. 법정에서는 일이 되어가는 꼴을 지켜보던 신들이 재판관으로 바뀌어 등장한다. 셴 테 살해 혐의로 몰린 슈이 타는 가면과 양복을 벗어 던지고 바로 자기가 셴 테라고 소리 지르며 신들을 향하여 이 세상에서 타협 없이 선을 행하기 위한 대답을 듣고자 한다. 그러나 신들은 무책임하게 "너무 자주 슈이 타는 되지 말도록"이라는 대답만 남기고 하늘로 올라가버리는 것이다. 셴 테는 신들에게 대하여 이렇게 호소한다.

착한 사람으로 살아가라고 하신 당신네(신)들의 이전 말씀이 번개처럼 나를 둘로 찢어놓았습니다.

그 말에 대해서 경쾌한 음악을 배경으로 하늘로 달아나며 신들의 코러스는 이렇게 노래한다.

황금빛 넘치는 빛 속에 너희들의 육신이 그림자를 드리운다. 그러니까 이제 우리가 우리들의 허무 속으로 돌아가는 것을 허락해다오.

신들의 방문이라는 테마는 〈도살장의 성 요한나〉에서도 나타나는 주제이지만 현대의 신들은 사회제도의 쇠창살에 갇힌 인간을 위하여 구원은 커녕 기도조차 하지 못한다.

세 명의 신들은 3이라는 숫자를 근거로 기독교의 삼위일체를 비꼰 것이라는 해석도 있다. 그러나 이 신은 보다 일반적으로 소시민적 양심의 의인화(擬人化)로 보는 견해도 있다. 겨자씨만 한 보시(布施)나 선행으로 양심의 가책을 때우려는 소시민적 행위의 무의미성을 일찍이 젊은, 라디컬한 브레히트는 노래하였다. 길거리에 서서 잠자리가 없는 노숙자에게 하룻밤 잠자리와 한 끼의 저녁을 먹여주는 사나이에 대한 시이다.

그러나 그런 것으로 세상이 바뀌지는 않는다. 필요한 것은 근본적 해결이다. 부분적인 자선은 베푸는 자의 양심에 평화를 주고 오히려 사회의 모순에 눈을 감게 하므로 세계의 변혁에는 오히려 유해할 수도 있다. 이러한 양심의 무력함도 그들 신들에게 드러나 있을 것이다. 고대극에서는 크레인과 비슷한 비행기를 타고 신들이 무대 위로 내려오는 기계장치의 하나님 데우스 엑스 마키나(Deus ex machina)가 등장하였다. 무대 위에서 벌어지는 사건의 갈등이 사람 힘으로 해결할 수가 없을 때 천장에서 공중잡이로 하나님이 내려와 사람 손이 미칠 수 없는 온갖 사건을 해결하는 것이다. 그러나 브레히트의 신들은 해결과는 반대 방향으로 책임 있는 대답을 피하여 하늘로 올라가버린다. 이미 〈도살장의 성 요한나〉에서 성 요한나가 말한 것처럼 "사람이 있는 곳에서 구원은 사람한테서밖에 오지 않는다". 물장사 왕은 여기에 나온 문제의 해답을 관객에게 떠맡겨버리는 것이다.

우의극(寓意劇, parable)이란 작품 전체가 비유의 모습을 지닌 문학 형식이다. 〈코카서스의 백묵 동그라미〉에서는 두 사건 사이에 일관된 평행 관계를 유추시킬 수 있도록 연극 속에 드라마의 두 세계가 평행 관계를 유지하도록 구성되어 있으므로 우의극의 성격이 명백하지만 〈사천의 착한 사람〉의 경우는 드라마의 세계가 하나이다. 그렇지만 〈사천의 착한 사람〉의 허구의 드라마 세계와 평행 관계에 있는 것은 현실의 자본주의 사회이다. 그런 의미에서 〈사천의 착한 사람〉은 〈코카서스의 백묵 동그라미〉보다 광의(廣義)의 패러블(parable)로서 관객에게 선과 생존이 양립할 수 없는 사회 조직과 기구에 대한 비판을 낳게 한다.

이런 비유와 우화 형식은 소박한 드라마 형식에 쉽게 활용되어 관객이 무비판적으로 연극이 주는 해결에 감동적으로 끌려드는 것을 막는다. 우의극이 갖는 성격상 서사적 연극에 특유한 오픈, 곧 미해결의 형식은 당연한 것이다. 비유의 형식이 극적 감동이라는 완고한 관습에 젖어 있는 관객들을 비판의 자세로 돌려 세우기에 가장 자연스런 형식이라는 점을 고려한다면 〈사천의 착한 사람〉에서 신들의 무책임한 도피 자체도 하나의 미해결의 오픈(열린) 형식일 수밖에 없는 서사극적 결말일 수도 있는 것이다. 그만큼 〈사천의 착한 사람〉의 교육적 목적은 다음과 같은 마지막 대사로 오픈하게 관객에게 위임되는 것이다.

> 무엇이 해결이 되겠어요? 우리는 해결을 찾지 못했어요……
> 사람이 바뀌어야 하나요? 그렇지 않으면 세상이 바뀌면 될까
> 요?…… 자, 여러분 스스로 결말을 찾아봐 주세요! 반드시 좋은
> 결말이 있으리라 생각합니다. 꼭 있을 거예요, 꼭, 반드시―

브레히트, 서사극, 낯설게 하기 수법

5) 〈코카서스의 백묵 동그라미(Der kaukasische Kreidekreis)〉

구약성서의 솔로몬 왕이 얼마나 지혜로웠는가를 보여주는 재판이 생모와 양모의 아기 뺏기 소송이다. '피는 물보다 진하다'는 통설에 따라 양모는 애기의 팔을 힘껏 잡아당기지만 생모는 차마 그 팔을 끌어 당기지 못한다. 그 어미의 낳은 정을 솔로몬 왕은 판결의 근거로 삼는다. 이 서양의 에피소드가 동양에서는 원나라 때 원곡(元曲) 〈화란기(和蘭記)〉로 작품화되었으며 표현주의 작가 클라분트는 〈화란기〉를 바탕으로 「백묵 동그라미」를 써서 그 동그라미 안에 든 아이를 생모와 양모가 서로 팔을 잡아 끌어당기도록 발전시켰다. 1920년대에는 이국 취미를 반영한 작가들의 관심이 같은 소재를 극화시켰다. 귄터, 알프레트 폴케 등의 작품이 그런 것이다. 브레히트는 원숙기에 이를 무렵 같은 소재를 담은 소설 「아우크스부르크의 백묵 동그라미」를 썼고 그것을 더 확대시킨 것이 〈코카서스의 백묵 동그라미〉가 된다.

브레히트는 이미 그의 소설에서 통설과 아주 반대되는 입장을 취한다. 백묵 동그라미 가운데 선 아이를 힘으로 뺏는 단계에 이르자 차마 아이의 팔을 잡아당길 수 없어서 손을 놓아버리는 생모의 이야기를 브레히트는 유산 상속이라는 이기심으로 오히려 생모가 잡아당기고 양모가 손을 놓게 만든다. 손을 놓아버리는 것이 아이에 대한 진정한 사랑이며 생모는 아이에 대한 진정한 애정이 없다는 것이 입증되는, 통설의 역전이 볼 만하다.

전란을 맞아 반란에 쫓기는 영주 부인은 재물 챙기기에 급급하여 마침내 자기 자식을 놓아둔 채 간신히 도망간다. 죽임을 당한 영주의 상속자인 이 버려진 아이를 구해내어 추격자를 따돌리며 길러낸 것이 영주 부인의 하녀 그루셰이다. 반란이 진압되고 평화가 돌아오자 영주 부인은 유산 상속을 위해 버려진 아이를 찾아 백방으로 손을 쓴다. 찾아낸 이 아이가 누구의 아이냐를 두고 재판이 벌어지자 냉혈의 영주 부인은 아이의 팔이야 부러지든 말든 힘으로 아이를 빼앗아 실모의 권리를 주장하지만 공정한 재판관은 참다운 사랑을 가진 양모 그루셰에게 아이를 돌려준다.

이 줄거리가 희곡에서는 극중극으로 다루어지며 본 줄거리의 법적 소송 문제에 대한 교훈적 예증으로 의미를 갖는다. 서막에 해당되는 제1막 무대는 제2차 세계대전이 끝난 소련의 콜호스, 즉 집단농장이다. 나치스 독일군이 파괴해버린 코카서스의 어느 마을에서 두 개의 콜호스 대표들이 한 골짜기의 귀속 문제를 두고 싸우게 된다. 일찍이 그 골짜기를 방목지로 썼던 산양 사육 농장 사람들은 이 골짜기가 자기들 마을로 반환되기를 요구하지만 인접한 과수 재배 농장 쪽에선 이 골짜기를 댐으로 활용하여 관개시설을 만들어 과수 재배의 증산 계획을 주장한다. 이 두 콜호스의 분쟁을 조정하기 위하여 국가부흥계획위원회가 파견되고 그 자리에서 과수 농장 측이 여흥으로서 '이 문제와 연관이 있는' 연극을 상연하여 그들 요구의 정당성을 밝히는 것이 〈코카서스의 백묵 동그라미〉의 줄거리다.

위원회 위원들이 두 콜호스의 서로 상이한 요구를 들으며 판결을 내린다는 뜻에서 이 연극은 일종의 재판극이다. 재판 형식은 아리스토텔

브레히트, 서사극, 낯설게 하기 수법

레스 연극 이론에서부터 드라마가 즐겨 다루는 수법이다. 그리스극 자체가 말하자면 신에 대한 영웅들의 재판극인 것이다. 재판을 통해서 사건의 정당성이 등장인물들을 통해 변론되고 검증됨으로써 사건은 재판이 진행되는 시간대로 압축된다. 그리하여 그 시간 사이에 사건의 본질이 폭로되고 판결이 내려지기까지 그 진행에 대하여 관객의 긴장 상태를 이어갈 수가 있다. 관객들은 방청석에서 재판을 참관하는 듯한 착각 속에서 무대, 곧 허구의 법정에 끌려 들어가는 것이다.

브레히트 연극은 극장 무대 자체가 법정이며 또 많은 작품이 재판 장면들을 보여주지만 그런 것들과 환상 연극의 한 형식인 재판극과는 분명히 다르다는 점을 알아야 할 것이다. 브레히트의 연극은 무대 위의 허구의 법정을 현실의 법정으로 착각하게 만들려는 것이 아니라 무대를 허구로 전제한 다음 연극에 법정 같은 성격을 부여하는 데 역점이 주어진다. 관객이 방청인으로서 거기 있다고 착각하게 하는 것이 아니라 법정에서처럼 무대 위에서 설명되고 제시되는 사건을 소재로 삼아 자기 나름의 판단을 내리는 것이다. 그런 의미에서 관객은 재판관의 입장에서 무대 위에 벌어지는 사건을 관찰하는 것이다. 브레히트 연극의 재판 장면에 나오는 재판관도 〈예외와 원칙〉에서처럼 관객과는 반대되는 판결을 내리거나 〈사천의 착한 사람〉에서처럼 판결을 기피하고 달아나버리거나 해서 관객의 비판을 강요하고 도발하는 경우도 있다.

〈코카서스의 백묵 동그라미〉에서는 명판관에 의한 이상적인 재판이 진행되지만 그 '거의 공정한' 재판의 결말 자체가 상식적 해결과 다르다는 것, 그리고 그런 이상적 재판이 오늘날의 세상에서는 먼 옛 동화의 나라, 지나간 아름다웠던 황금시대의 사건으로밖에 성립하지 않는다는 것으로 해서 낯설게 하기의 소격 기능을 발휘하는 것이다.

아이가 생모라는 기득권과 기정사실만을 주장하는 어미의 것이 되기보다 참다운 모성애를 지닌 손에 맡겨지는 것이 행복하다면 토지도 마찬가지로 기득권에 의해 그 귀속을 결정하기보다 앞으로의 발전을 위하여 생산적이냐 아니냐를 판단의 기준으로 삼는다는 것이 합리적이다. '소유물과 소유주의 관계는 쓸모 있는 것이 쓸모 있는 사람에게 귀속한다는 것'이라는 현실의 교훈이 과거의 우화에서 얻어지는 것이다. 그런 의미에서 콜호스의 장면을 아주 생략하는 상연법은 이 작품의 우화적 성격이나 브레히트가 강조하는 유효성이라는 시각을 해친다고 볼 수 있다.

〈코카서스의 백묵 동그라미〉의 극화에 있어서는 극중극 형식의 그루셰 이야기와 그것을 둘러싸고 있는 명재판관 아츠다크 이야기로 양분된다. 주정뱅이 아츠다크가 어떻게 재판관으로 발탁되어 민의를 반영한 갖가지 명판결을 남겼는가 하는 전설적인 줄거리가 연극의 후반부를 채우면서 마지막으로 그루셰와 아츠다크가 법정 장면에서 결부된다. 이 두 개의 구성과 서막을 연결하는 기능자로서 가수가 등장한다.

〈코카서스의 백묵 동그라미〉의 가수는 객관적으로 무대 진행에 대한 설명을 맡지만 그렇다고 드라마 진행과 동떨어져 있는 것이 아니다. 제1장에서는 극중 인물이며 농장 콜호스 사람들로부터 앞으로 진

브레히트, 서사극, 낯설게 하기 수법

행될 노래극의 가수로 소개된다. 제2장 극중극의 개막에서 그는 악사들과 함께 앉아 대본을 넘기며 '옛날 옛적에' 하는 식으로 이야기를 끌어간다. 그러나 내레이터(해설자)로서 언제나 줄거리의 윤곽만 잡아주는 것이 아니라 현재형으로 진행되는 무대의 사건에 관여하며 지나간 사건에 대하여 주석을 붙이기도 하고 연기자의 내면적 갈등을 대변하기도 한다. 영주가 반란 귀족들에게 붙들려 죽어가는 장면은 느린 템포의, 거의 춤 같은 팬터마임으로 제시되며 가수의 노래 멜로디가 그 반주를 맡는 팬터마임은 시각적으로 영주의 몰락 과정을 보여준다.

이런 장면들은 좀 그로테스크하게 보이기는 하지만 영주가 몰락해 가는 역사적 의미를 짓거리로 시각화하려는 시도이다. 그런 다음 가수는 주석자의 역할로 돌아가 영주의 몰락에 있어서 놓치기 쉬운 부수적 현상을 설명한다. 〈물방아의 노래〉의 변주곡이 그렇다.

> 한 지배자의 집이 무너져 내릴 때
> 많은 조무래기들이 얻어맞아 죽는다네.
> 권력자의 행운을 못 가진 사람도
> 그 불은 나누어 갖네.
> 떨어져 내리는 물레는
> 땀에 저린 가축들을 길동무로 삼는다네—
> 깊은 심연의 바닥으로.

이 장면의 마지막에 가서 가수는 다시 팬터마임의 해설 역할을 맡지만 이번에는 버림받은 아이를 본 다음부터의 그루셰의 내면 감정을 설명한다. 영주 아이거나 누구이거나 어린이를 살린다는 행동을 그녀는 처음부터 당연한 것으로 행하는 것은 아니다. 시달림을 받는 인간에게 있어서 이웃을 사랑하는 계율은 자기 자신의 파멸을 뜻한다. 그와 같은 치명적인 '착함에의 유혹'을 따라서는 안 된다. 그것이 가난한 자들의 법이다. 살해된 영주의 후계자로서 이 아이의 목숨은 반란자들의 표적이 되어 있다. 처음 그루셰는 이 고약한 짐을 짊어질 의도가 전혀 없었다. 버림받은 아이 쪽으로 다가가는 그녀의 표정에는 선량함, 부드러움 따위는 전혀 없다. 그럼에도 불구하고 그녀는 아이를 쳐다보고 이불을 덮어주고 탄식한다. 이 탄식의 숨결 속에 그녀는 아이를 추격대로부터 살려내려는 결심이 선 것이다. 가수가 소리 높여 "무서운 것은 자비에의 유혹이라"고 노래한다.

그루셰는 천신만고 끝에 오빠의 농가로 찾아든다. 그녀는 아이 때문에 빈사의 환자와 결혼도 해야 하고 전쟁이 끝나고 그녀를 찾아온 약혼자 시몬에게도 충분한 사정을 설명할 수 없다. 마침내 아이는 연행되고 생모의 요청에 의해 양모는 법정에 서야 할 판이다. 그 법정을 꾸미기 위하여 무대는 다시 한번 반란이 일어난 그날로 돌아간다. 영주가 살해되던 날 그루시니아 대공도 거지 차림으로 달아나다가 아츠다크가 봐주어서 살아난다. 주정뱅이 아츠다크는 그가 놓친 사람이 대공임을 알고 벌을 받으려고 재판소에 출두했다가 교수형을 당한 재판관 대신 민중들의 시험 모의재판에 의해 재판관으로 추대를 받는다. 〈코카서스의 백묵 동그라미〉라는 희곡 가운데 아츠다크 이야기는 극중극

이므로 극중극에서 시험 모의재판은 '극중극의 극중극'이라는 중층구조(重層構造)를 갖는 셈이다.

그렇게 하여 뜻밖에 재판관이 된 아츠다크는 기상천외한 재판을 해나가며 마치 어사 박문수식으로 민간에 전파되는 각종 명판결을 간략하게 마무리 지어나간다. 그런 가운데 대공이 다시 반란을 진압하고 권력을 잡은 것이다. 민중 편이었던 아츠다크는 자기 재판에 대한 보복을 두려워하여 달아나려는 판에 일찍이 그가 대공인 줄 모르고 살려준 그 공으로 진짜 권력층의 재판관으로 임명된다. 그리하여 백묵 동그라미의 재판이 가능해진다. 양모는 아이를 갖게 되고(그 말은 영주의 상속권이 그녀에게로 돌아온다는 것이다), 가짜 결혼도 이혼시켜 시몬과 그루셰를 축복해주고 "아츠다크는 자태를 감추어 두 번 다시 나타나지 않았다"고 가수의 노래가 전한다. 이 재판의 판결은 현대의 콜호스 분쟁의 모델 케이스로 적용된다. 짧지만 거의 공정한 재판이 이루어졌던 아츠다크 재판관 시절의 황금기는 허구 속의 지난 시대 이야기가 아니라 그 유토피아 이야기는 우리 시대의 비(非)유토피아적 현실과 대비되는 것이다. 그러므로 현실 변혁의 행동을 관객에게 요청하는 것이 브레히트의 숨은 의도였을지도 모른다.

6) 〈갈릴레이의 삶(Leben des Galilei)〉

〈갈릴레이의 삶〉의 초고는 브레히트의 덴마크 망명기, 물리학자 옷토 한과 그 제자들이 우라늄 원자의 핵분열에 성공했다는 뉴스를 들으며 약 3주 만에 완성되었다. 망명 초기의 「진실을 전달하는 다섯 가지 어려움」이라는 에세이에서 그는 파시즘의 탄압 속에서 진실을 전하기 위해서는 교활한 지혜가 필요하다고 말했다. 고문에 굴복하지 않으며 진실을 전하지 못한 채 순교자로서 영광의 죽음을 맞이하는 것과, 변절과 배신자, 비겁자의 오명을 둘러쓴 채 전향을 가장하여 진실을 전하여 적의 힘을 약화시키고 적이 쓰러지는 날까지 살아남는 것, 이 두 가지 삶의 방식에 대한 전략적 검토가 제2차 세계대전 직전 파시즘이 날뛰는 시점에서 〈갈릴레이의 삶〉이라는 작품으로 형상화된다.

1938년에 쓰여진 서문에서 브레히트는 바야흐로 전쟁으로 돌입하려는 이 암흑의 시대에 '새로운 행복의 시대의 문 앞에 선 사람'처럼 살다 간 3세기 앞선 갈릴레이한테서 배울 것이 있음을 시사하였다. 갈릴레이는 지난 옛 시절의 향수로 선택된 것이 아니라 암흑의 시대를 살면서 다가오는 새로운 시대를 대비하여 어떤 태도를 취해야 할 것인가를 실례로 제시한다. 제1장에서 갈릴레이가 안드레아에게 하는 말, "지금이 이런 때(편협과 미신이 지배하는 암흑의 시대)니까 이래서는 안 된다고 말하는 거야. 모든 것은 움직이고 있으니까"라는 말에는 망명 중의 세계 변혁의 사상가 브레히트의 생각이 담겨 있는 것이다.

과학과 예술이 바야흐로 꽃을 피우려는 시대에 갈릴레이는 고대부터 맹목적으로 믿어왔던 프톨레마이오스의 과학적 오류를 근본에서 뒤집는 발견과 함께 지동설을 확립하였다. 이 진리를 지키기 위하여 그는 학문의 순교자가 되기를 사람들은 기대했고 지금도 우리는 그가 그렇게 희생되었기를 바란다. 그러나 그는 압력에 의해 지동설을 철회

브레히트, 서사극, 낯설게 하기 수법

하였다. 그가 기대하는 것은 인간의 이성이다. 민중의 상식이 아무리 교회 권력의 간섭이 있다 할지라도 천동설 같은 망설(妄說)을 어느 날엔가 물리치리라고 그는 믿는다. 그리하여 갈릴레이는 표면적인 굴종과 지동설 철회로 몰래 연구를 계속할 수 있는 자유를 얻는다. 그는 교회의 감시를 피하여 『새과학대화』를 완성하고 제자를 통해 과학 발전을 위해 귀중한 '진실의 책'을 비교적 연구가 자유로운 개신교 나라로 옮기게 한다. 지식의 밀반출인 것이다.

갈릴레이가 이단심판소(異端審判所)에서 자기 이론을 철회한 다음 "그래도 지구는 돈다"라고 중얼거렸다는 에피소드는 널리 유포된 것이지만 민중의 이성이 지동설의 긍정을 바라는 나머지 이런 소문을 만들어낸 것이라고 브레히트는 해석하였다. '진리는 혼자 걷는다'라는 갈릴레이의 전망은 이와 같은 건전한 인간 이성의 승리를 믿는 데서 온다.

브레히트는 이미 완성된 자기 작품에 대해서도 나중에 자기가 도달한 입장에서 수정·비판을 서슴지 않았다. 언제나 나중 단계에서 보완과 수정을 가해가는 것이 변증법적인 작가 브레히트의 자세였다. 그런 과정을 가장 잘 드러내는 것이 〈갈릴레이의 삶〉 개작 과정이다.

이미 초고 자체가 여태까지의 갈릴레이 상(像)과는 반대되는 갈릴레이를 그리면서 그래도 그를 긍정하는 묘사가 이루어진다. 그런 의미에서 괄호가 붙는 '긍정적' 주인공이 개고에서 다시 부정되기 때문에 이 희곡 전체가 종래의 관객들에게 당혹감을 줄 것이다. 그런 당혹감은 갈릴레이에게 부여한 브레히트의 자기 특유한 관점, 예를 들면 식욕이나 성욕처럼 지식욕조차 인간의 기본적 욕망으로 간주하는 시각이다. 갈릴레이는 탐욕스런 지식욕의 소유자다. 그러나 브레히트는 식욕이나 성욕과 마찬가지로 지식욕도 인간 본래의 삶의 영위로 다 함께 긍정한다. 성욕이나 식욕을 채우듯이 그는 지식욕도 채워야 한다.

　본능적인 무한한 지식욕은 연구의 시간을 요한다. 그러나 대학이나 국가는 그때나 지금이나 실용적이지 않은 연구에 돈을 충분히 지불하지 않는다. 갈릴레이는 자기의 연구 시간을 얻기 위해 월급 인상을 꾀한다. 〈억척어멈과 그 자식들〉에서조차 배를 곯아가면서 생각하기는 싫다고 한 것처럼 청빈(淸貧)을 감내한다는 유교적인 도덕은 통하지 않는다. 그는 망원경을 실익이 있는 자기의 발명이라고 속여 베니스 시에서 월급을 올려 받는다. 이런 사기도 연구를 위한 지식욕을 치유하는 목적 때문에 수단으로 긍정된다. 그는 새로 발견한 별에 메디치 집안의 이름을 붙일 정도로 아양을 떨어 플로렌츠(피렌체) 궁정에서 일하게 된다. 그런 식으로 학문을 위해, 지식욕을 달래기 위해 수단을 가리지 않는 까닭은 인간의 이성을 너무 믿기 때문이다. 이런 낙천적인 신앙이 그의 좌절의 원인이다. 그러나 표면적인 굴종, 삶의 패배로 그는 『새과학대화』를 과학사에 남기고 진리를 '밀수'하는 데 성공한다.

　학자적인 현학적 취미나 형식주의를 싫어하여 저작 논술에도 학술적 용어인 라틴어를 쓰지 않고 일반 민중어를 썼던 갈릴레이는 11세의 소년도 알아들을 수 있도록 지동설을 증명할 수 있다(제1장). 천동설이 절대적 권위였던 이 시대에 먼저 그것을 회의하고 불신하여 지동설의 정당성을 획득하기 위해서는 어지간히 관습에 얽매이지 않는 '낯선 소격화' 견해를 가져야 할 것이다. 갈릴레이는 지식욕의 탐구자 브레히트처럼 과학 분야에서 낯설게 하기의 명수였던 것이다. 그가 얻은 지식은 선입견에 사로잡히지만 않으면 난해한 것이 아니었다. 권위가 침해당하는 것을 두려워하고 사장된 낡은 지식을 결코 버리지 않으려는 창백한 학자들보다 갈릴레이의 학설이 차라리 편견에 사로잡히지 않은 소박한 민중들에게 먼저 수용되는 모습을 브레히트는 카니발의 가장 행렬(제10장) 장면에서 보여준다. 갈릴레이는 세상살이에 어두운 학자와는 정반대의 유형으로서 학문을 실용적인 현장작업과 결부시키기 때문에 초고에서는 베니스의 조선소에서 직공들과의 교류로 자기의 역학 이론에 대한 이론 보완과 같은 힌트를 얻기도 하는 장면도 들어 있었다고 한다.

그런 긍정적인 측면을 지닌 갈릴레이도 학자적 모럴에 대해서는 진지하였다. 제9장에서 교회와 타협하여 천문학과 관련 없는 분야에서 연구를 계속하던 갈릴레이에게 일찍이 그의 제자였으나 추기관(樞機官) 회의의 뜻에 영합하여 지동설 추방을 주장한 책을 내었던 무치우스가 찾아오자 그는 이렇게 말하며 그를 내쫓는다.

진리를 모르는 자는 오직 어리석을 뿐이다. 그러나 진리를 알면서 그것을 거짓이라는 자는 범죄자이다. 이 집에서 나가게.

이 연극의 클라이맥스라고 할 수 있는 제13장에서는 갈릴레이의 제자들이 바야흐로 지금 이단심판소에서 벌어지고 있을 심문의 결과를 기다리고 있다. 만약 5시에 종이 울리면 갈릴레이는 패배하여 자기 학설을 취소했다는 신호가 된다. 제자들은 스승이 죽음에도 굴하지 않고 저항해서 이성이 정신적 승리를 거두기를 열망한다. 갈릴레이의 철회와 취소를 바라고 있기는 교회의 앞잡이가 되어버린 딸 버지니아뿐이다. 마침내 시간이 되었으나 종소리는 들리지 않는다. 이성의 승리에 환호하여 안드레아가 소리 지른다.

그러나 그런 감격의 순간을 짓밟듯 종소리가 울리고 갈릴레이의 학설 취소 · 철회 · 굴복 · 변절을 알리는 소식이 전해진다. 심판을 끝내고 돌아온 갈릴레이는 스승에게서 환멸을 맛본 안드레아의 면박을 받는다. 그는 이상주의자가 안드레아가 바라던 영웅의 역할을 해내지 못한 것이다. '영웅이 없는 나라는 불행하다'는 제자의 말을 스승은 이렇게 고쳐 말한다. "아니야, 영웅을 필요로 하는 나라가 불행한 거야."

진리의 탐구가 영웅적이어야 하는 시대, 그런 문화 환경에 죄를 덮어씌운 갈릴레이의 변명은 그의 배신과 변절을 정당화할 수 없다. 그러나 그렇다고 영웅이 되어 그가 죽는다고 문제가 해결되는 것은 아니다. 영웅의 출현으로 그 시대의 근본적 해결이 이루어지는 것은 아니며 시대의 배경, 세계가 변혁되어야만 비로소 근본적인 해결이 가능하다는 브레히트의 시각이 부각된다. 이런 진의는 안드레아에게 전달될 수 없다. 8년 뒤 이제 이단심판소의 감시하에 유폐 생활과 다름없이 사는 늙고 병든 스승에게 연구의 자유를 찾아 이탈리아를 버릴 결심으로 작별 인사를 하러 간 안드레아는 비로소 갈릴레이가 감시의 눈을

브레히트, 서사극, 낯설게 하기 수법

속이며『새과학대화』를 완성시켰음을 알고 놀란다. 그는 처음으로 8년 전 갈릴레이의 비영웅적 행동이 진리의 탐구와 그 전파라는, 인류에게 보다 귀중한 목적을 위해 이루어졌음을 깨닫는다.

> 선생님은 진리를 적들의 눈에서 숨기고 계셨군요. 모럴의 측면에서도 선생님은 우리들보다 몇 세기를 앞서 계셨어요.
> 만약 선생님이 그때 화형대의 불꽃으로 영광에 싸여 돌아가셨다면 그야말로 상대방, 교회측이 승리를 거둔 셈이 되었겠죠.

안드레아의 견해에 의하면 교회를 속이면서『새과학대화』를 완성한 스승 갈릴레이야말로 마지막 승리자가 된 것이다. 그리고 마지막에 가서는 그 진리의 초고를 숨긴 안드레아가 무사히 국경을 넘어 진리가 이윽고 여러 사람들의 손에 전해지리라는 밝은 전망이 선다.

그렇다고 갈릴레이의 죄가 덮혀질 수 있을까. 과학의 영역에서 이룬 그의 공적은 인정하지 않을 수 없지만 진리의 철회라는 행동을 통해 과학의 사회적 위치를 실추시켜버린 죄마저 면할 수는 없다. 그가 살던 시대에 천문학·물리학이라는 과학의 두 분야는 성서와 교회에 대한 불신의 기치를 내걸고 진보 진영의 선두에 설 수도 있었다. 새 천문학은 시대의 혁명적 사회 조류에 박차를 가하는 것이었기 때문에 새로운 계급, 즉 시민계급의 아주 깊은 관심을 불러일으켰다. 갈릴레이 연극에 묘사되어 있는 민중의 지동설에 대한 희구와 신앙은 이러한 혁명적 에너지와도 결합되어 있었던 것이다. 그런 시점에서 갈릴레이의 자기 학설의 취소와 철회는 배신이자 변절이며 과학이 유지 발전시킬 수 도 있었던 사회적 의의와 민중과의 결부를 단절시켜버리는 상징적 타협이었다. 아무리 그가 자기의 과학적 연구 업적을 후세로 전달했다 하더라도 진리에 대한 그의 배반은 과학의 절대적 의의를 잃어버리게 만들었고 교회에 굴복한 다음의 과학은 굴종된 과학으로서 사회적 후퇴를 결정시켜버렸다.

과학은 상아탑 속에 갇혀 세상과 경계를 뚜렷이 하는 특수 과학이 되어 그 순수성, 곧 생산 과정에 대한 무관심 덕분에 비교적 편안한 발전을 이룬다. 갈릴레이 이후 수세기에 걸친 이러한 과학의 한계를 결정시켜버린 갈릴레이의 취소와 철회와 배반을 변절이자 그의 죄과(罪過)라고 본 브레히트는 이를 '근대 과학의 원죄'라 칭했다.

"나는 나의 지식을 권력자에게 넘겨주어 그들이 자기 목적대로 그것을 사용하거나 말거나, 잘못 쓰는 것조차 허용했다. 나는 나의 직업을 배신했다"라고 고백하는 갈릴레이의 단죄(斷罪)의 줄거리를 좇아가보면 제2차 세계대전의 원자폭탄이 기술적 현상으로서나 사회적 현상으로서나 갈릴레이의 과학적 업적과 그 사회적 패배 행위가 최종적으로 가 닿는 고전적 생산물이라는 브레히트의 부정적 입장은 분명한 것이다. 브레히트의 초고 〈갈릴레이의 삶〉은 '갈릴레이 찬미인가, 단죄인가'가 분명치 않았다. 전쟁 중에 반파시즘의 독일어권 연극의 유일한 거점이었던 스위스 취리히에서 초연된 갈릴레이 대본은 덴마크에서 완성된 제1 원고였고 거기에는 기본적으로 갈릴레이 비판보다 미래의 밝은 전망에 대한 희망이 엿보인다. 그 뒤 미국으로 망명한 브레히트

브레히트, 서사극, 낯설게 하기 수법

는 찰스 로턴의 협력을 얻어 영어판 〈갈릴레이의 삶〉 상연 준비 중에 히로시마 원폭 투하 소식을 듣는다. 1947년 할리우드 근처 베벌리힐스에서 상연된 영역 대본이 제2원고라면 원폭 투하 뉴스가 〈갈릴레이의 삶〉에 대폭적인 개정과 수정을 가하게 하고 갈릴레이 비판의 도를 높였다. 브레히트와 로턴의 협동 작업이 개작으로 발전한 것이다.

"우리들 작업이 최고조에 달했을 때 '원자시대'가 히로시마에 등장했다. 이날을 경계로 근대 물리학의 창시자인 갈릴레이의 전기는 달리 읽히게 되었다. 이 대폭탄이 일으킨 연옥 같은 효과에 의해 갈릴레이와 그 권력자의 갈등은 지금까지 없던 선명한 새 조명을 받게 되었다"라고 쓴 브레히트는 원자폭탄의 시대는 승리였지만 동시에 부끄러운 패배이기도 하다고 평가했다.

브레히트와의 대결을 끊임없이 의식하고 있었던 스위스의 극작가 뒤렌마트는 이와 같은 주제로 그로테스크한 희극 〈물리학자들〉을 발표하였다(1961). 이 작품에서는 거대한 에너지 법칙을 발견한 물리학자 킬턴이 이 발견이 권력자들에게 오용될까 두려워하여 가짜 미치광이가 되어 정신병원에 입원한다. 동시에 자유 진영과 공산세계의 두 물리학자가 그를 자기 체제로 끌어넣기 위해 침투한다. 그러나 그들 셋은 '히포크라테스의 선서'로 서로 손을 잡는다. 그들의 노력에도 불구하고 신발견의 비밀은 권력에 굶주린 광신적 올드미스의 손으로 넘어간다. 뒤렌마트가 '있을 수 있는 가능성'을 과장된 허구로 그리면서 그런 비극을 막으려고 한다면 그와 정반대로 '사실'과 '기록'에서 출발한 키프하르트의 〈오펜하이머 사건〉(1963)도 같은 주제를 다룬 것이다.

과학의 매력에 사로잡혀 원폭 개발자가 된 오펜하이머가 수소폭탄 개발 시기에는 오히려 과학자들과 히포크라테스의 선서를 따르다가 당시의 냉전 위기를 반영하는 매카시즘 풍조 속에서 사상 조사 때문에 소환된 이 사건에는 갈릴레이적인 과학자의 모순이 많이 드러난다. 키프하르트의 창작 부분인 최종 변론에서 "우리는 악마에게 손을 빌려주는 일을 해왔습니다"라는 오펜하이머의 말은 갈릴레이 연극과의 관련성을 분명히 한다.

과학자의 양심 선언과 과학적 업적에 얽힌 모순된 지식욕, 발명욕, 명예욕 등은 〈갈릴레이의 삶〉을 통하여 오늘날에도 우리에게 같은 과제로 남아 있다 할 것이다.

브레히트, 서사극, 낯설게 하기 수법

제5장

한국에서의 브레히트 해금(解禁)

: 한국브레히트학회 창립 무렵을 회상하며

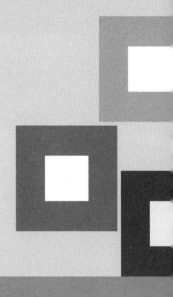

한국에서의 브레히트 해금(解禁)

— 한국브레히트학회 창립 무렵을 회상하며[1]

1.

한국브레히트학회 창립 25주년을 축하한다. 25년, 사반세기를 이어 반세기의 역사가 100년의 역사가 될 때쯤에는 이 자리에 있는 대부분의 독문학도와 연극문화 인사들이 한국 역사와 세계 문학사의 거물로 기억되는 자리가 되어줄 것을 기대한다.

학회 창립을 기념하는 학술회의의 첫 기조강연 구상은 "한국브레히트학회와 브레히트 연구"였던 것 같다. 기조강연 제목으로서는 아주 훌륭하다. 그러나 내가 연사로 지목된 것이 불찰이었다. 나는 학계를 떠난 지 거의 20년이 되었고 어쩌다 공연예술 평론을 발표한다 해도

---

1 이 글은 2014년 한국브레히트학회 창립 25주년 기념 학술회의에서 했던 기조 강연을 수정한 것이다.

그런 글쓰기는 학술논문 형식과 일정한 거리가 있어서 한 편의 논문을 완성시키려면 한 학기를 보냈던 연구실 재직 시절의 노고를 되풀이할 만한 에너지가 없다.

학회 창립 초대 회장이라는 멍에랄지 명예를 벗어 던지려고 해도 당시 함께 노고를 같이했던 차기 회장들의 행방도 모호한 모양이다.

그렇게 해서 기조강연 제목이 25년 전으로 돌아가서 "한국의 브레히트 해금 무렵"으로 낙착되고 강연도 회상기 형식이 되었다.

2.

1988년 서울올림픽 개최 확정과 더불어 공산 · 사회주의 국가체제와 문화예술이 비로소 대한민국의 시야에 들어왔다. 금기(禁忌)가 해금(解禁)되는 순간이었다. 나는 그런 역사적 순간을 몸으로 직접 체험하며 살아 나왔다. 당시 비교적 활발히 연극예술 평론 활동과 한국독어독문학회 활동을 하고 있던 나에게 브레히트의 해금은 내 개인적으로 사회주의 시각의 보완을 통한 문화예술 차원의 확대를 의미하였다.

국제 올림픽 경기를 성공적으로 치르기 위해서는 우선 많은 나라의 참가가 필수적이었고 따라서 사상이나 체제의 차이를 내세울 수 없는, '강요된 열린 마당'에서 국위를 떨쳐야 했던 우리나라는 일단 남북이 이데올로기적으로 전쟁을 치러 원한과 적의와 분노의 감정이 잠재되어 있다는 사실을 눈감아야 했고, 그 다음으로 반공을 국시로 삼는 군

브레히트, 서사극, 낯설게 하기 수법

사독재 체제하에서 길들여진 우익적 생리 때문에 사회주의나 공산권 체제에 대해서 무지할 수밖에 없었다는 사실도 접어놓아야 했다. 사상이나 종교는 말할 것도 없고 가장 객관적이어야 할 학문 체계나 문화 예술조차 이데올로기적으로 채색시켜 나왔던 1980년대 후반까지 글자 그대로 공산·사회주의 체제는 나의 세대에게 철저히 외면된 무지의 하눌타리였다.

그런 상황에서 1980년대 후반까지 동독의 극작가 브레히트는 죽은 지 30년(1956년 사망)이 지났는데도 한국에서는 그저 한 이방인의 낯선 이름에 지나지 않았다−극작가도 시인도, 서사극 이론이나 낯설게 하기 기법의 세계적 극장인(Theatermann)인 줄을 아는 식자(識者)는 외국에서 공부한, 그것도 연극을 보고 들은 극소수에 불과했다. 대학 연구실의 독문학자들보다 극장의 연극 현장에 종사하는 일부가 부조리연극 다음의 사조적 변화 조짐, 곧 서사극의 대세를 감지하고 낯설게 하기 기법의 창시자로서 브레히트 이름을 조심스럽게 외고 있을 뿐이었다.

대학에서 독일문학을 가르치던 소수의 교수들에게도 동독 지역은 아예 지도상에 없는 지형이고 그곳에 사는 예술가나 학자들은 존재하지 않는 그림자들에 불과했다. 공산권 지역은 금역이었고 브레히트나 스타니슬랍스키, 이매방, 홍명희 등에 대한 관심이나 연구는 금기였고 공산주의자들은 기피 대상 인물이었다.

그러나 서사극이라는 예술사조에 대한 지적 호기심은 연극 현장의 젊은 세대에 의해 단편적으로 속삭여지고 있었는지 모를 일이었다. 60~70년대 서울대학교를 중심으로 각 대학의 민속반 서클들은 탈춤,

판소리, 굿 등 전통예능의 놀이판에서 서사극의 원형을 감지했는지도 모른다.

3.

제2차 세계대전 이후 세계 연극 사조가 부조리연극의 뒤안길로 몰렸을 때 서사극 이론을 대안으로 받아들인 유럽 연극계는 희곡의 드라마/대사 같은, 유럽 전래의 미학인 '언어의 시대'가 끝나고 말 대신에 몸짓과 춤 같은 제3세계의 전통예능에 대한 새로운 탈출구를 모색한다. 그리하여 원초적 연극(urdrama) 형식으로서 제의극, 축제극이 극장과 홀, 야외무대 등에서 해프닝, 이벤트, 컨벤션 형식으로 부활한다.

60~70년대 대학의 연극, 민속, 탈춤반들은 마당극의 이름으로 억압된 정치사회적 중압에 대하여 반격의 도구와 수단과 방법을 들이댄다.

이런 경향은 일찍이 1920년대 프라하 언어기호학파인 보가튀레프(Bogatyrev)에 의해 이미 기능 구조주의적 연극기호학으로 천착된 바 있다. 그는 언어기호학적 방법을 언어이외의 영역, 곧 연극에 적용시켜 민속극에서 찾아낸 가면, 의상, 악기, 대사 등으로 기호와 기능과 구조 같은 키워드를 민속극 · 민중극, 이른바 대중문화에 적용시킨 일종의 폴크로어 아방가르드였다.

그가 브레히트와 동시대인이라는 사실로 해서 그들의 운동적 지향점이 근접될 수 있음을 예측할 수 있다. 60년대 우리의 젊은 폴크로어 아방가르드들도 그들과 혈연의식을 가질 수 있다.

동시에 이 잠재된 운동 방향은 보가튀레프와 브레히트가 죽고 난 다음 1970년대에 와서 국제극예술협회(ITI) 내 국제아동청소년연극협회(Assitej)의 제3세계연극제에서 아시아, 아프리카, 남미 등의 전통예능ー소리와 몸/짓거리와 춤의 총체예술로 발현되었다.

바야흐로 '말의 미학'이 '몸의 언어'로 바뀌어나가는 시대ー70, 80년대의 신전통주의적 구호와 함께 발진한 마당극 조류는 민주화운동을 겨냥한 정치적 사회적 운동의 수단이자 도구였지만 그 마당극 세대들의 신전통주의적 과거 지향성은 어쩌면 보가튀레프나 브레히트적 프라하 기호학파들의 민중민속예능, 대중문화에 연유한 향수를 지녔을 가능성도 있다.

그렇게 젊은 마당극 세대들의 핏줄 가운데 선대(先代)들에 대한 무의식적인 향수와 신비주의적 교감이 있고 따라서 시대를 뛰어넘은 아방가르드적 발상법에 브레히트적 편린이 엿보인다고 강변할 수는 없는 것일까.[2]

---

2 서울대학교 문리대 중심의 민속탈춤반 아방가르드들 출신 허규, 김의경, 김지하, 김문환, 김석만 등에게는 그런 경향이 짙다. 그런 내연의 핏줄 의식은 심층적인 인터뷰에서나 밝혀질지도 모른다. 금단의 땅에서 어렵게 공부한 독문학자들, 그리고 50~60년대 독일 현지에서 브레히트나 당시의 동서독 연극을 제대로 체험한 학자나 연극인들은 거의 없다. 그 당시 보다 자유로운 미국에서 연극을 보고 배운 이근삼 교수를 통해 브레히트의 서사극 이론과 낯설게하기 기법을 전수받은 작가 김의경, 연출가 허규, 정진수를 위시하여 늦은 대로 미국 현지에서 직접 브레히트 연극을 체험한 예종의 김석만 교수는 절대로 'brechtiert' 되지 않았다고 말할 수 있다.

베를린의 브레히트하우스

4.

88서울올림픽은 우리의 금기를 풀어주었다. 공산·사회주의 국가들과의 교류를 확실하게 하는 문화올림픽 구상은 국제연극제 개최였고 소련, 중국과 함께 동독의 브레히트 베를리너 앙상블 초청 여부 타진이 ITI 한국 본부의 부과 과제였다.

국제연극평론가협회 한국 대표였던 여석기, 그리고 이대 양혜숙 교수와 내가 (1981년 국제연극평론가협회 AITC 뮌헨 대회 때 이태주, 김문환 등과 더불어 동독의 라이프치히로 들어갔던 경험을 살려) 1987년 『Theater Heute』지 편집장 도움으로 동베를린으로 넘어가 동독 브레히트 연구의 대가인 Schuhmacher 교수를 만나고 베를리너 앙상블 초청 문제를 타진했을 때 마침 그곳은 여름 휴가철이었다.

　브레히트, 서사극, 낯설게 하기 수법

제대로 연극 구경도 못하고 브레히트와 인연이 많던 Deutsches Theater의 외관과 브레히트 기념관인 Brecht Haus만 둘러보고 실무적으로는 아무것도 거둔 것 없는 일방적인 무계획적 기획은 실패할 수밖에 없었다. 즉흥적 착상 같은 것은 얻을 것이 없다. 호흡이 긴 숙고와 계획이라야 실현성이 높은 것은 당연하다.

그런 가운데 지금도 강력한 이미지로 남아 있는 것은 브레히트가 임종했을 침대의 작은 사이즈, 바이마르 괴테 기념관에 있었던 작은 침상처럼 괴테나 브레히트는 초인이 아니라 평범한 일상인(日常人)이었다는 사실을 명심하게 해주는 손때 묻은 가구들이다.

그렇게 시작된 한국에 있어서의 브레히트 해금(解禁)[3]은 1989년 2월 27일 문예진흥원 강당에서의 한국브레히트협회 설립으로 공인이 되었다. 현대 한국 공연예술에 브레히트 이름을 단 연극의 '변증법'과 '낯설게 하기' 기법이 브레히트의 이름과 함께 공식적으로 원용된 공연은 민중극단의 〈서푼짜리 오페라〉 대본이 공연윤리심의를 통과한 전해의 12월이었지만 경쟁적인 브레히트 해금 첫 공연의 성과는 서사극의 서사 형식에 짓눌리고 음악의 해학이 날것이었다는 측면에서 성공적이지 못했다.

---

3 해금 초기에는 공산권에서 들어오는 서적은 지질이 나빠 붉은빛이 감돈다는 사실만으로 국내 반입이 유보되었다. 사회주의 체제의 동구권 국가들 인쇄술이 빈약한 만큼 책값이 싸서 유럽 유학생들이 애써 거두어 온 사회주의 국가의 문학예술 인쇄물들은 그렇게 국내 세관에서 압류되고 폐기처분된 경우도 있다.

한국브레히트협회에는 먼저 극장 무대 현장에서 실무적 관심을 표명한 연출가와 평론가가 많았으므로 대학에서 독문학 작가론으로 브레히트를 다루는 교수들과 함께 처음 협회 조직으로 출발했다가 나중에 학회로 명칭이 바뀌었다. 그만큼 무대 현장의 연극인들이 빠져나갔다는 뜻이다.

1989년 2월 24일자 『동아일보』 기사는 '현대연극의 대명사' 격인 공산권 작가 연구의 단일학회가 처음 창립총회를 갖고 역점 사업으로 브레히트 전집 간행과 학술 교류, 연극 교류를 내세우고 있음에 주목하였다. 당시의 임원 구성은 부회장 송동준(서울대학교), 총무 이원양(한양대학교), 이사에는 양혜숙(이화여자대학교), 김의경(작가), 김종대(한양대학교), 송윤엽(외국어대학교), 김문환(서울대학교) 등이었다.

브레히트, 서사극, 낯설게 하기 수법

용어 및 인명

브레히트, 서사극, 낯설게 하기 수법

작품 및 도서

브레히트, 서사극, 낯설게 하기 수법

브레히트, 서사극,
낯설게 하기 수법

이상일